ウェルビーイング
の向上を目指す
家庭科教育

パフォーマンス課題
によるアプローチ

大本久美子　岸田蘭子 編著

大修館書店

はじめに

ウェルビーイング（well-being）とは，その人にとって究極的に善い状態，満足した生活を送ることができている状態，幸福な状態，充実した状態など，多面的な幸せをあらわす言葉です。WHO（世界保健機関）では，健康を「身体的，精神的，社会関係上のウェルビーイングが満たされた状態にあること」と定義しています。またSDGs（持続可能な開発目標）やOECD（経済開発協力機構）もウェルビーイングを重要な項目として掲げるなど，今日ウェルビーイングは幸福や健康をあらわす概念として注目されています。

生活を学習対象とする家庭科は，これまでも生活を総合的にとらえ，持続可能なよりよい家族や家庭生活，消費生活のあり方を問題解決的に考えてきました。このよりよい家庭生活や社会の創造を目指す教科の目標そのものがウェルビーイングの実現につながっています。これからの家庭科教育では，ウェルビーイング実現の原動力となる資質・能力をどのように育成するかが問われています。本書は，実践的な学習へのアプローチとして「パフォーマンス課題」に注目し，「パフォーマンス課題」による題材設計を提案するものです。エージェンシーの概念と重ね合わせて，主体的に生活に関わる知識やスキルを身に付け，課題解決に向かう学習者像を共有する新しい家庭科教育を提案しています。子どもたちがエージェンシーとして，学びの価値を意味付け，主体的に学び続けることができるよう，指導者は，子どもたちの学びをどのように認め，評価すればよいのでしょうか。

本書は2部構成です。理論編として第1章では，家庭科の学習目標や学習内容，育みたい資質・能力と学びの概念，第2章は，パフォーマンス課題による実践的な学習へのアプローチをガイダンスしています。実践編の第3章は，家庭科の学習におけるパフォーマンス課題の作り方，第4章は，具体的な題材計画を紹介しています。家庭科を対象としていますが，家庭科以外の教科の先生方やこれから教職を目指す方のアクティブ・ラーニングの教育実践の拠り所となることもねらいとしました。

本書の最大の特徴は，小・中・高等学校すべての学校種を体系的にとらえていることです。家庭科の学習がより充実したものになるよう，目の前の学習者の実態に合わせてステップアップできるように工夫しています。指導者には，小学校から高等学校までの子どもの学びをつなぐ視点をもつことが求められています。家庭科の全体像をしっかりと理解し，子どもたちがウェルビーイングの向上を目指して主体的に課題解決に向かう力を育成するための手法をぜひ体得してください。

さあ，未来への扉をいっしょにひらいてみましょう。

令和4年6月

大本久美子

岸田　蘭子

目次

実践編

第3章　パフォーマンス課題で実現する　家庭科の授業‥‥‥‥‥‥ 49

第4章　パフォーマンス課題を活かした　題材計画例 …………… 77

おわりに　みんなで創ろう　社会のウェルビーイング ………… 94

<理論編>

ウェルビーイングの
向上を目指す家庭科教育

　本章では，ウェルビーイングの向上を目指す家庭科で育みたい資質・能力についてガイダンスします。よりよい未来を創造する力を育むために，どのような学習のアプローチが必要か，OECD のラーニング・コンパス（学びの羅針盤）や SDGs と関連させて考えます。

家庭科とは，学校教育課程の中の一つの教科で，生活の営みを総合的にとらえ，持続可能な家族や生活のあり方を実践的体験的な活動を通して，問題解決的に考えていく教科です。生涯にわたって「生きる力」のベースになる力を育み，多様な人々と協働しながら，健康で快適かつ安全な暮らしを営み，よりよく生きることを目標としています。小学校では「家庭科」，中学校では「技術・家庭科（家庭分野）」，高等学校では「家庭科」の教科名です。

　ところで，生活を研究対象とする「家政学」という実践的総合科学の学問があることをご存じでしょうか。生活の質やライフスタイルのあり方を追求する家政学は，家庭科の背景となる学問でもあります。「21世紀の家政学（2008年 IFHE Position Statement：Home Economics in the 21st Century）」において，「21世紀には，家政学の対象を広い生活環境を含むものとし，家庭内から地域＝世界的な（glocal な）コミュニティに広げる。家政学は個人，家族，コミュニティのエンパワーメントとウェルビーイングに関心を払う[1]」の記述がみられます。つまり，家庭科は個人・家族・コミュニティのエンパワーメントとウェルビーイングに深く関わりがある教科であるということができます。また中間は，アメリカの家族・消費者科学は，「個人・家族・地域社会のウェルビーイングの向上」を環境との関わりの中で追及していく専門であるとし，日本の家庭科においても，人との共生，環境との共生において，よりよい生活を創造することを目指しているが，このことは「環境とのかかわりの中で，自分自身のウェルビーイングを求めるとともに，家族や地域社会のウェルビーイングを，共に求めていくこと」と指摘しています[2]。

　以上のことを前提に，現在小・中・高等学校の家庭科では，子どもたちにどのような学習でどのような力を育てようとしているのか，学習指導要領の記述を整理し，SDGs や OECD「Education 2030」と関連させた「よりよい未来を創造する力を育む家庭科の学び」を提案します。

1 家庭科で育成したい資質・能力

　平成29（2017）年，平成30（2018）年に改訂された小・中・高等学校の学習指導要領は，「知識及び技能」「思考力，判断力，表現力等」「学びに向かう力，人間性等」の3つの資質・能力の柱に基づき構造化されています。何を教えるかではなく，何ができるようになるか，教科横断的なカリキュラム・マネジメントや社会に開かれた教育課程によっ

1　正保正恵「2008年 IFHE Position Statement：Home Economics in the 21st Century の抜粋要約」『家政学原論研究』43巻，日本家政学会家政学原論部会，2009年
2　E.J. ヒッチ，J.P. ユアット著，中間美砂子監訳『現代家庭科教育法－個人・家族・地域社会のウェルビーイング向上をめざして』大修館書店，2005年

表1　家庭科の目標

小学校

　生活の営みに係る見方・考え方を働かせ，衣食住などに関する実践的・体験的な活動を通して，生活をよりよくしようと工夫する資質・能力を次のとおり育成することを目指す。
(1) 家族や家庭，衣食住，消費や環境などについて，日常生活に必要な基礎的な理解を図るとともに，それらに係る技能を身に付けるようにする。
(2) 日常生活の中から問題を見いだして課題を設定し，様々な解決方法を考え，実践を評価・改善し，考えたことを表現するなど，課題を解決する力を養う。
(3) 家庭生活を大切にする心情を育み，家族や地域の人々との関わりを考え，家族の一員として，生活をよりよくしようと工夫する実践的な態度を養う。

中学校（家庭分野）

　生活の営みに係る見方・考え方を働かせ，衣食住などに関する実践的・体験的な活動を通して，よりよい生活の実現に向けて，生活を工夫し創造する資質・能力を次のとおり育成することを目指す。
(1) 家族・家庭の機能について理解を深め，家族・家庭，衣食住，消費や環境などについて，生活の自立に必要な基礎的な理解を図るとともに，それらに係る技能を身に付けるようにする。
(2) 家族・家庭や地域における生活の中から問題を見いだして課題を設定し，解決策を構想し，実践を評価・改善し，考察したことを論理的に表現するなど，これからの生活を展望して課題を解決する力を養う。
(3) 自分と家族，家庭生活と地域との関わりを考え，家族や地域の人々と協働し，よりよい生活の実現に向けて，生活を工夫し創造しようとする実践的な態度を養う。

高等学校

　生活の営みに係る見方・考え方を働かせ，実践的・体験的な学習活動を通して，様々な人々と協働し，よりよい社会の構築に向けて，男女が協力して主体的に家庭や地域の生活を創造する資質・能力を次のとおり育成することを目指す。
(1) 人間の生涯にわたる発達と生活の営みを総合的に捉え，家族・家庭の意義，家族・家庭と社会との関わりについて理解を深め，家族・家庭，衣食住，消費や環境などについて，生活を主体的に営むために必要な理解を図るとともに，それらに係る技能を身に付けるようにする。
(2) 家庭や地域及び社会における生活の中から問題を見いだして課題を設定し，解決策を構想し，実践を評価・改善し，考察したことを根拠に基づいて論理的に表現するなど，生涯を見通して生活の課題を解決する力を養う。
(3) 様々な人々と協働し，よりよい社会の構築に向けて，地域社会に参画しようとするとともに，自分や家庭，地域の生活を主体的に創造しようとする実践的な態度を養う。

て，３つの力をバランスよく育むことの重要性が強調されました。小・中・高等学校の家庭科の目標と学習内容は，表１，表２（p.10）に示す通りです。

　学習内容は，学びの系統性が重視され，小・中・高等学校で統一された内容項目で整理されています。高等学校（家庭基礎）では，「A　人の一生と家族・家庭及び福祉」，「B　衣食住の生活の自立と設計」，「C　持続可能な消費生活・環境」に加え，「D　ホームプロジェクトと学校家庭クラブ活動」が設定されています。この「ホームプロジェクトと学校家庭クラブ活動」は高等学校のみですが，これにつながる学習として，小・中学校の「〇

表2　家庭科の学習内容

	小学校	中学校	高等学校（家庭基礎）
A	家族・家庭生活 (1) 自分の成長と家族・家庭生活 (2) 家庭生活と仕事 (3) 家族や地域の人々との関わり	家族・家庭生活 (1) 自分の成長と家族・家庭生活 (2) 幼児の生活と家族 (3) 家族・家庭や地域との関わり	人の一生と家族・家庭及び福祉 (1) 生涯の生活設計 (2) 青年期の自立と家族・家庭 (3) 子供の生活と保育 (4) 高齢期の生活と福祉 (5) 共生社会と福祉
B	衣食住の生活 (1) 食事の役割 (2) 調理の基礎 (3) 栄養を考えた食事 (4) 衣服の着用と手入れ (5) 生活を豊かにするための布を用いた製作 (6) 快適な住まい方	衣食住の生活 (1) 食事の役割と中学生の栄養の特徴 (2) 中学生に必要な栄養を満たす食事 (3) 日常食の調理と地域の食文化 (4) 衣服の選択と手入れ (5) 生活を豊かにするための布を用いた製作 (6) 住居の機能と安全な住まい方	衣食住の生活の自立と設計 (1) 食生活と健康 (2) 衣生活と健康 (3) 住生活と住環境
C	消費生活・環境 (1) 物や金銭の使い方と買物 (2) 環境に配慮した生活	消費生活・環境 (1) 金銭の管理と購入 (2) 消費者の権利と責任	持続可能な消費生活・環境 (1) 生活における経済の計画 (2) 消費行動と意思決定 (3) 持続可能なライフスタイルと環境
	A (4) 家族・家庭生活についての課題と実践	A (4) 家族・家庭生活についての課題と実践 B (7) 衣食住の生活についての課題と実践 C (3) 消費生活・環境についての課題と実践	D ホームプロジェクトと学校家庭クラブ活動

○についての課題と実践」が位置づけられています（表2）。

　高等学校の「C　持続可能な消費生活・環境」の中で「持続可能な消費」については，「国際連合が定めた持続可能な開発目標（Sustainable Development Goals；SDGs）など持続可能な社会を目指した国際的な取組について取り上げ，大量生産，大量消費，大量廃棄に至っている消費社会の現状から，その重要性を理解できるようにする」ことが明記されています。

　しかしながらSDGsの目標や取り組みは，「C　持続可能な消費生活・環境」の学習だけではなく，家庭科の学習内容全体と深く関連しています。たとえば，「目標4　質の高い教育をみんなに」のターゲット「4.7」では，以下に示す通り，ESDや持続可能なライフスタイル，人権，ジェンダー平等，グローバル・シティズンシップなどの教育を通して，すべての学習者がSDGs実現のために必要な知識や技能を習得できるようにすると記述され，家庭科の学習内容との重なりがここに確認できます。

表3　小・中・高等学校の家庭科で育成を目指す資質・能力

資質・能力	小学校	中学校	高等学校
知識及び技能	日常生活に必要な家族や家庭，衣食住，消費や環境等についての基礎的な理解と技能	生活の自立に必要な家族・家庭，衣食住，消費や環境等についての基礎的な理解と技能	自立した生活者に必要な家族・家庭，衣食住，消費や環境等についての科学的な理解と技能
思考力，判断力，表現力等	日常生活の中から問題を見いだして課題を設定し，課題を解決する力	家族・家庭や地域における生活の中から問題を見いだして課題を設定し，これからの生活を展望して課題を解決する力	家族・家庭や地域・社会における生活の中から問題を見いだして課題を設定し，生涯を見通して課題を解決する力
学びに向かう力，人間性等	家族の一員として，生活をよりよくしようと工夫する実践的な態度	家庭や地域の人々と協働し，よりよい生活の実現に向けて，生活を工夫し創造しようとする実践的な態度	相互に支え合う社会の構築に向けて，主体的に地域社会に参画し，家庭や地域の生活を主体的に創造しようとする実践的な態度

目標4　4.7　2030年までに，すべての学習者が，とりわけ持続可能な開発のための教育と，持続可能なライフスタイル，人権，ジェンダー平等，平和と非暴力文化の推進，グローバル・シチズンシップ（＝地球市民の精神），文化多様性の尊重，持続可能な開発に文化が貢献することの価値認識，などの教育を通して，持続可能な開発を促進するために必要な知識とスキルを確実に習得できるようにする。

（慶應義塾大学 SFC 研究所 xSDGs・ラボ 「SDGs とターゲット新訳」制作委員会「SDGs とターゲット新訳」Ver.1.2 より）

---

　169 のターゲットは，章末に資料として収録しています。169 のターゲットの内容を確認することで，家庭科との関連をより強く意識することができるかもしれません。

　表3は，小・中・高等学校の家庭科で育成を目指す資質・能力をまとめたものです。「知識及び技能」は，「生活に必要な家族や家庭，衣食住，消費や環境等についての基礎的な理解と技能」と示されています。これは概念的な知識も含まれることから「基礎的な理解と技能」とされています。概念的な知識や技能は，思考・判断・表現を通じて獲得されたり，その過程で活用されたりすることから，「知識及び技能」「思考力，判断力，表現力等」「学びに向かう力，人間性等」の3つは相互に関係し合うことに注目することが大切です。つまり資質・能力の育成に向けて，これまでも家庭科の授業で重視してきた知識及び技能の獲得もおろそかにはできません。特にその質や量も重要となるのです。

　さらに家庭科は，人の生活の営みに係る多様な「生活事象」を学習対象としていることから，家庭科の見方・考え方が「生活の営みに係る」と示され，生活を「協力・協働」，「健康・快適・安全」，「生活文化の継承・創造」，「持続可能な社会の構築」の4つの視点で

とらえています。換言すれば，生活に必要な家族や家庭，衣食住，消費や環境等についての知識や概念が，これらの4つの「見方」として学ばれ，技能（スキル）や態度として，その人の「考え方」や思考の習慣に4つの視点がみられることが，深い学びと言えるのかもしれません。

　家庭科は，先にみた通り，よりよい社会の構築に向けて「生活をよりよくしようとする実践的態度を養うこと」が目標であり，4つの見方・考え方も含めて，世界が目指している「持続可能な開発目標（SDGs）」の実現に極めて重要な役割を担っているのです。

　あなたは今，家族や社会（世界）とどのようにつながっていますか？

　またこれからどのような社会や生活を次の世代につないでいきたいですか？

　よりよい未来を創造する担い手を育む家庭科とはどのようなものでしょうか。次節で考えてみましょう。

2 よりよい未来の創造に向けた家庭科とウェルビーイング

　先行きが不透明で予測困難な未来を幸せに生きるためには，社会の変化に主体的に関わり，感性を豊かに働かせながら，新しい価値を見出し，自らの可能性を発揮しながら日々の生活を積み重ねていくことが大切です。

　2015年に国連で採択された「2030アジェンダ[3]」には，「人類と地球の未来は我々の手の中にある。」「（我々は）地球を救う機会を持つ最後の世代にもなるかもしれない。」（「2030アジェンダ」外務省仮訳）という記述があります。未来を創る人を教育する学校教育の最大の目標は，持続可能な世界に変革できる力を有する人材を育成することにあります。

　SDGsを実現する人づくり，つまり人類の持続可能な生存，環境・社会・経済の持続可能性を実現するための人づくり，教育が急務です。先にみたSDGsターゲット4.7「ライフスタイル教育等を通して，必要な知識とスキル（技能）を習得する」は，持続可能な社会の実現を自らのライフスタイルに引き寄せて，自分事として，自分や周りの人々の幸せな生活を追求し，豊かさを創り出す力を獲得できる家庭科の学びと親和性があります。

　そこで本節では，OECD「Education 2030」やSDGsとの関連も参考にしながら，よりよい未来の創造に向けた家庭科の学びについて考えます。平成29（2017）年，30（2018）年の学習指導要領改訂にも影響を与えたOECD「Education 2030」も最終ゴールとして「個人や社会のウェルビーイング」を掲げています。まずは，ラーニング・コンパス（学びの羅針盤）（図1）と，その中心的な概念である「エージェンシー[4]」についてみていきましょう。

3　「2030アジェンダ」とは，「我々の世界を変革する：持続可能な開発のための2030アジェンダ」の略称。このアジェンダは，人間と人間が暮らす母なる地球のための行動計画であり，アジェンダの中で出された具体的な目標がSDGsである。

図1　OECD ラーニング・コンパス（学びの羅針盤）2030

（OECD_LEARNING_COMPASS_2030_
Concept_note_Japanese.pdf）

（1）エージェンシーの育成

　ウェルビーイングに自らを方向付けていくエージェンシーは，教育基本法第二条三や[5]
社会に開かれた教育課程，「学びに向かう力，人間性等」の育成を重視する学習指導要領
の考え方に合致しています。学習指導要領総則編では，「児童（生徒）一人一人がよりよ
い社会や幸福な人生を切り拓いていくためには，主体的に学習に取り組む態度も含めた学
びに向かう力や，自己の感情や行動を統制する力，よりよい生活や人間関係を自主的に形
成する態度等が必要となる」と述べられています。

　図1のラーニング・コンパス（学びの羅針盤）は，児童・生徒が教師の指示をそのま
ま受け入れるのではなく，未知なる環境の中，コンパスを駆使して自力で歩みを進め，責
任意識をともなう方法で進むべき方向を見出す必要性を強調しています。

　たとえば，学習後に示された「TO DO リスト」を見て，子どもたちがそれを生活の中
で実践するというのではなく，子どもたち自身が学習の本質や概念を理解して，学んだこ

4　エージェンシーは，「社会参画を通じて人々や物事，環境がより良いものとなるように影響を与える
　　という責任感を持っていることを含意する」（OECD, 2018）とあり，学習指導要領で示されている主
　　体性に近い概念である。ラーニング・コンパスの中心的な概念として，「変化を起こすために，自分
　　で目標を設定し，振り返り，責任をもって行動する力」と定義されている（OECD, 2019）。
5　教育基本法 第二条 三　正義と責任，男女の平等，自他の敬愛と協力を重んずるとともに，公共の精
　　神に基づき，主体的に社会の形成に参画し，その発展に寄与する態度を養うこと。

とを自らのアクションに落とし込むことや，新しい市場での商品やサービス，社会的役割などを見つけ，新たな価値を創り出して行動するというイメージです。当事者意識をもって自らが働きかけ，自分自身が判断し，選択し，行動することによって，何のためにやるのかという目的意識も生まれます。また一人ではなく，他のエージェンシーと関係し合って成長し，学んでいくことの大切さも示されています。つまり人は，社会的な文脈の中でエージェンシーを学び，育み，そして発揮します。そのような環境を作ることが大切です。

ラーニング・コンパス（学びの羅針盤）では，「変革を起こすコンピテンシー[6]」として次の3つの力が提案されています。

●新たな価値を創造する力（Creating new value）
●対立やジレンマに対処する力（Reconciling tensions and dilemmas）
●責任ある行動をとる力（Taking responsibility）

これらの力は，見通し・行動・振り返りという AAR サイクル（Anticipation-Action-Reflection cycle）という学習プロセスによって，学習者がウェルビーイングの向上に向かって意図的に，また責任をもって行動するための理解を深め，視野を広げていくことで身に付くとされています。

先行き不透明で前例のない変化に直面する時代には，主体的に考え，「納得解」を生み出す力だけでなく，他者への敬意や共感（響感）力も不可欠な力です。対立やジレンマに対処できる共感（響感）力や他者の価値を理解できる力が，より重要になると考えます。多田は，「対話とは，単に伝え合うだけでなく，通じ合い，さらに響き合い，創り合う活動である。単に自説を述べるだけでなく，お互いに相手がそれなりに納得できる，理解できる，すなわち「通じ合える」ためには，自他共に相手の伝えたいことを感じ取る真摯な努力が必要である。相手の立場や文化的背景について，推察し，イメージすることにより，完全な理解や合意形成ができなくても，相手の思いに響感することはできる。この響き合いをお互いに感得できるとき，人間同士としての親和感，信頼感が育まれていく[7]」と述べています。このことをふまえ，対立やジレンマに対処できる共感（響感）力を「相手を理解し，イメージすることによって響き合う力」としています。

そこでこれらの力を含め，これからの家庭科で特に重視して育成したい6つの「変革を起こすコンピテンシー」を提案しました（図2）。

6　コンピテンシーとは，職業上の実力や人格特性も含めた包括的な「能力」と訳されることが多い。本書では，学習指導要領で定義された「資質・能力」と概ね同義として扱う。OECD「Education 2030」においても，単に知識やスキルの習得にとどまらず，不確実な状況における複雑な要求に対応するための知識，スキル，態度及び価値の活用を含む概念であるとしている。

7　多田孝志「共創型対話における浮遊型思索と響感・推察力の意義―21世紀の人間形成と対話―」『目白大学人文学研究』第7号，目白大学，p.194，2011年

図2　家庭科で特に重視して育成したい「変革を起こすコンピテンシー」

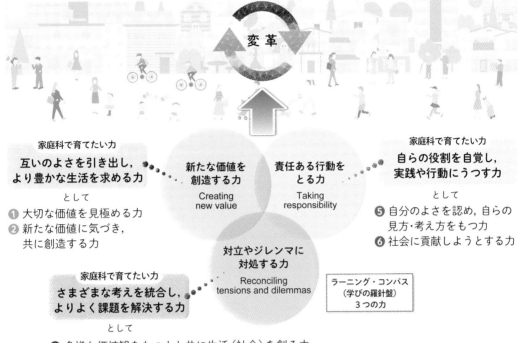

家庭科で育てたい力
互いのよさを引き出し，より豊かな生活を求める力

として
❶ 大切な価値を見極める力
❷ 新たな価値に気づき，共に創造する力

新たな価値を
創造する力
Creating
new value

責任ある行動を
とる力
Taking
responsibility

家庭科で育てたい力
自らの役割を自覚し，実践や行動にうつす力

として
❺ 自分のよさを認め，自らの見方・考え方をもつ力
❻ 社会に貢献しようとする力

家庭科で育てたい力
さまざまな考えを統合し，よりよく課題を解決する力

対立やジレンマに
対処する力
Reconciling
tensions and dilemmas

ラーニング・コンパス
（学びの羅針盤）
3つの力

として
❸ 多様な価値観をもつ人と共に生活（社会）を創る力
❹ 感情をコントロールし，共感（響感）と価値理解でつながりを大事にする力

●新たな価値を創造する力（Creating new value）
　→家庭科では「互いのよさを引き出し，より豊かな生活を求める力」として
　❶「大切な価値を見極める力」と❷「新たな価値に気づき，共に創造する力」

●対立やジレンマに対処する力（Reconciling tensions and dilemmas）
　→家庭科では「さまざまな考えを統合し，よりよく課題を解決する力」として
　❸「多様な価値観をもつ人と共に生活（社会）を創る力」と❹「感情をコントロールし，共感（響感）と価値理解でつながりを大事にする力」

●責任ある行動をとる力（Taking responsibility）
　→家庭科では「自らの役割を自覚し，実践や行動にうつす力」として
　❺「自分のよさを認め，自らの見方・考え方をもつ力」と❻「社会に貢献しようとする力」

　これらのコンピテンシーを身に付けることによって，個人や社会の変革が進むのではないでしょうか。本書では，これらのコンピテンシーを家庭科の学習内容と関わらせて第3章で解説しています。

　それでは，次にOECDの示すウェルビーイングとSDGsはどのような関わりがあり，それが家庭科とどのように関連しているかをみてみましょう。

（2）ウェルビーイングと SDGs

OECD のウェルビーイングに関する取り組みは 10 年以上前に始まっています。

OECD「より良い暮らしイニシアチブ（OECD, Better Life Initiative）」は，2011 年に OECD 創立 50 周年を記念して開始されました。その目的は，人間のウェルビーイングとその成果を幅広く理解するための指標づくりです。「より良い暮らし指標（Better Life Index）」には 11 の項目があります。これには仕事・所得・住居のような経済的要因に加え，ワーク・ライフ・バランスや安全・教育・健康・環境など生活の質に影響を与える要因が含まれています。

この「より良い暮らし指標」は，SDGs の 17 分野（目標）とも深く関連しています。

表 4 は，OECD によって定義されたウェルビーイング項目と国連の持続可能な開発目

表 4　OECD のウェルビーイング項目と国連の持続可能な開発目標の関連性

目的地：OECD ウェルビーイング	国連の持続可能な開発目標
1.仕事	8.働きがいも経済成長も 9.産業と技術革新の基盤をつくろう
2.所得	1.貧困をなくそう 2.飢餓をゼロに 10.人や国の不平等をなくそう
3.住居	1.貧困をなくそう 3.すべての人に健康と福祉を
4.ワーク・ライフ・バランス	3.すべての人に健康と福祉を 5.ジェンダー平等を実現しよう 8.働きがいも経済成長も
5.生活の安全	16.平和と公正をすべての人に
6.主観的幸福	すべての目標に関連している
7.健康状態	3.すべての人に健康と福祉を
8.市民参加	5.ジェンダー平等を実現しよう
9.環境の質	6.安全な水とトイレを世界中に 7.エネルギーをみんなに　そしてクリーンに 12.つくる責任　つかう責任 13.気候変動に具体的な対策を 14.海の豊かさを守ろう 15.陸の豊かさも守ろう
10.教育	3.すべての人に健康と福祉を 4.質の高い教育をみんなに 5.ジェンダー平等を実現しよう
11.コミュニティ	11.住み続けられるまちづくりを 17.パートナーシップで目標を達成しよう

（「OECD ラーニング・コンパス（学びの羅針盤）2030」仮訳）

標の関係性をOECDが示したものですが，6．主観的幸福は，SDGsのすべての目標に関連しているとしています。そして，この表4の内容を家庭科と関連させて整理したのが図3です。

　健康，ジェンダー平等，ワーク・ライフ・バランスなどは，いずれも私たちの生活に直結し，家庭科の学習内容に強く関連しています。家庭科の見方・考え方の「協力・協働」や「持続可能な社会の構築」はウェルビーイング項目11の要因すべてと関連し，「健康・快適・安全」は，4．ワーク・ライフ・バランス，5．生活の安全，6．主観的幸福，7．健康状態ととりわけ強く関連しているものの，すべての要因と関連しているものと思われます。「生活文化の継承・創造」は，直接関連する要因は少ないのですが，人間の生活を学習対象としている家庭科は「生活文化の継承・創造」をより強く意識して，この11の要因やSDGsの目標やターゲットに関連する学習を行う必要があります。[8]先にみたSDGsターゲット「4.7」にも「持続可能な開発に文化が貢献することの価値認識の教育を通して知識やスキルを習得できるようにする」ことが明記されています。

図3　OECDのウェルビーイング項目とSDGsと家庭科の見方・考え方

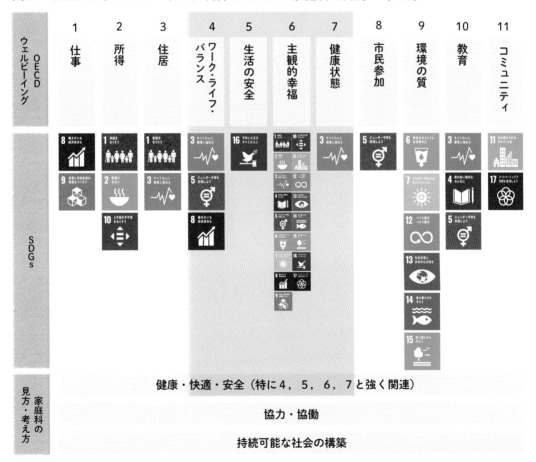

8　大本久美子「消費生活領域の学習とSDGs」『日本家庭科教育学会誌』第64巻第3号，p.209，2021年

以上のことから，身近な生活課題と社会的課題を結び付ける家庭科の授業で扱う学習内容が OECD のウェルビーイング項目や SDGs の 17 分野（目標）と密接に関連していることを確認することができました。本書では，第 3 章，第 4 章で具体例を示しています。

3 よりよい未来を創造する力を育む家庭科の学び

　最後に「よりよい未来を創造する力」を育む家庭科の学びのあり方について提案したいと思います。

　これからの社会（未来）に起こる問題は，既存の知識やスキルを身に付けるだけでは，もはや対応できなくなってきています。だからこそ自分や人生の周りの世界に対してポジティブな変革を起こす「エージェンシー」の育成が重要なのです。

　前節で「見通し（Anticipation），行動（Action），振り返り（Reflection）」の「AAR サイクル」という学習プロセスを紹介しましたが，家庭科の問題解決型学習の「生活課題を見つける⇒解決方法を考える⇒実践する⇒評価・改善する⇒新たな課題を発見する」もこの AAR サイクルの一つと考えることができます。つまり「目指す力の育成方法」においても家庭科は，ラーニング・コンパスと重なりがみられ，AAR サイクルを意識した学習で，エージェンシーを育成できる問題解決型学習が可能となります。

　そこで「AAR サイクルを意識した問題解決型学習」で，よりよい未来の創造に向けた「変革を起こすコンピテンシー」を育むイメージを描いてみました（図 4）。エージェンシーに関わる 6 つのコンピテンシーを中央に配置しています。

　エージェンシーには，個人のエージェンシーに加えて，「仲間・教師・親・地域コミュニティ」等の共同エージェンシーが必要です。社会に開かれた教育課程で，地域資源や地域人材とのパートナーシップで学習を構築することができます。ラーニング・コンパスでは，エージェンシーが一人ではなく他のエージェンシーと関係し合って成長と学びが可能になることが示されていました。

　グローバル社会の一員としての責任を自覚し，よりよい未来の創造に向けた変革を起こすコンピテンシーを育成するためには，問題解決型学習という学習方法に加え，一貫した目標と価値ある教材による題材計画が重要になります。これまで述べてきた OECD のウェルビーイングや SDGs や家庭科の見方・考え方を題材計画に反映させた家庭科のオーセンティックな学び（真正な学び）[9]のイメージを図 5（p.20）に表しました。

　図 5 の下部の水色の枠内は，真正な学びを実現する授業づくりの構造を示しています。実際の授業では，子どもたちにどのような題材と出会わせるか，またその教材で何を思考させるのか，自身の生活にどう活かすのか，指導者には題材設計の工夫が求められます。

9　オーセンティックな学び（真正な学び）：教科の本質を深めあう学び。学習内容のみならず，活動や思考のプロセスが本物に迫る学び（p.39 参照）。

図4　問題解決型学習とラーニング・コンパス

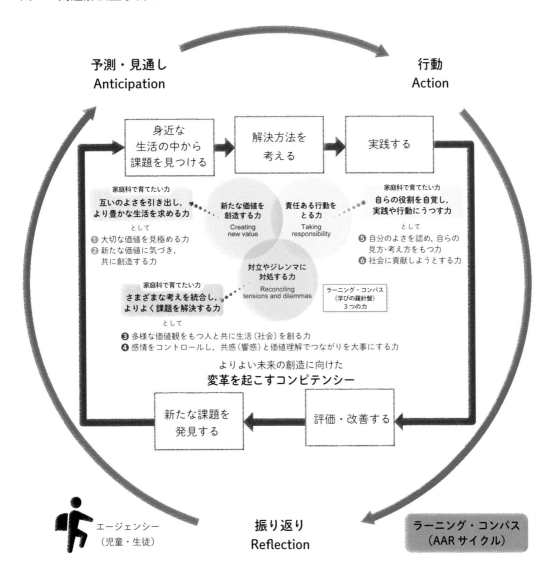

そして，社会に開かれた教育課程とカリキュラム・マネジメントを意識し，多様な主体と
パートナーシップを発揮して目標を実現することができます。授業実践においては，問題
の発見から課題の設定，課題解決，実践，評価・改善までの一連の学習過程で「変革を起
こすコンピテンシー」を育む学びをいかにデザインできるかが問われることになります。
題材計画を作成するにあたっては，それが最も重要なポイントです。そのため，授業をデ
ザインする一つの方法として，第2章では，パフォーマンス課題による実践的な学習への
アプローチを解説しています。それを理解した上で，第3章，第4章を参考にパフォーマ
ンス課題を活かした題材計画を自身で作成してみてください。

図5　家庭科の真正な学びを実現する学習の概念図

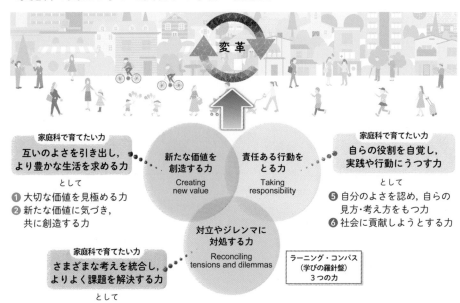

変革

家庭科で育てたい力
互いのよさを引き出し，より豊かな生活を求める力

として

① 大切な価値を見極める力
② 新たな価値に気づき，共に創造する力

新たな価値を創造する力
Creating new value

責任ある行動をとる力
Taking responsibility

家庭科で育てたい力
自らの役割を自覚し，実践や行動にうつす力

として

⑤ 自分のよさを認め，自らの見方・考え方をもつ力
⑥ 社会に貢献しようとする力

対立やジレンマに対処する力
Reconciling tensions and dilemmas

ラーニング・コンパス
（学びの羅針盤）
3つの力

家庭科で育てたい力
さまざまな考えを統合し，よりよく課題を解決する力

として

③ 多様な価値観をもつ人と共に生活（社会）を創る力
④ 感情をコントロールし，共感（響感）と価値理解でつながりを大事にする力

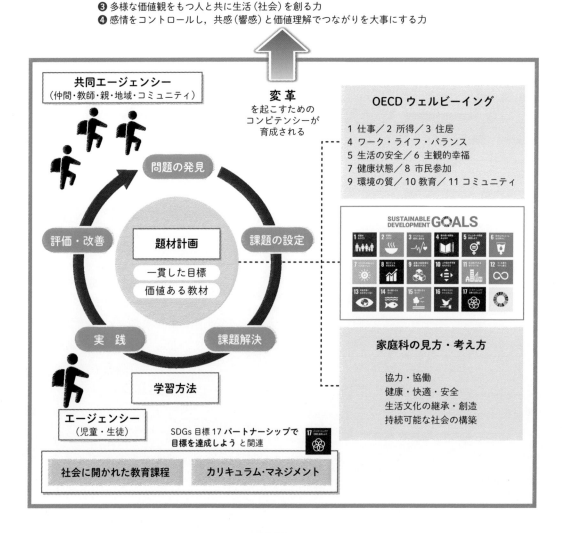

共同エージェンシー
（仲間・教師・親・地域・コミュニティ）

変革
を起こすための
コンピテンシーが
育成される

OECD ウェルビーイング

1 仕事／2 所得／3 住居
4 ワーク・ライフ・バランス
5 生活の安全／6 主観的幸福
7 健康状態／8 市民参加
9 環境の質／10 教育／11 コミュニティ

SUSTAINABLE DEVELOPMENT GOALS

問題の発見

評価・改善

題材計画

一貫した目標
価値ある教材

課題の設定

実　践

課題解決

学習方法

エージェンシー
（児童・生徒）

SDGs 目標 17 パートナーシップで
目標を達成しよう と関連

家庭科の見方・考え方

協力・協働
健康・快適・安全
生活文化の継承・創造
持続可能な社会の構築

社会に開かれた教育課程

カリキュラム・マネジメント

家庭科は，これまでもよりよい生活を創造できる力を育成してきていますが，児童・生徒の実態や地域の状況にも配慮し，教育課程を工夫しながら他教科・他領域と関連させたカリキュラムをマネジメントすることによって，より効果的に「よりよい生活を創造できる力」を育成することができます。

　自らの生活地域に目を向け，地域人材や地域資源を活用した授業を創る。そのことが地域の産業，文化を知ることや共感（響感）力の育成につながります。文化を知ることは歴史を知ること，先人のこれまでの努力やそれらを編み出した方法に敬意を払いながら，単に継続するだけではなく，今の時代に合った方法にアレンジし，新たなものに創りかえることもできます。また身近な地域の価値に気付き，新たな価値を付加する，さらにローカル（local）な視点とグローバル（global）な視点をあわせもつ，グローカル（glocal）な視点等も重要です。

　家庭科は，生活を豊かに愉しくする教科です[10]。

　自分はどのような価値を大切にしたいのか，何があれば幸せかを学習者に問いかける学習を通して「人間らしい，本当の意味での豊かな生活を実現できる力」を身に付けさせることができるのではないでしょうか。

　そのような学習を行う際に大切なことは，SDGsという世界共通の目標に向かって，自らができることを考え，行動するということが「社会規範やこれまでの慣例に従う」ものではなく，「自らの思い」であるということです。

　SDGsを意識した学習は，自らの生活だけでなく，地域や社会，世界のウェルビーイングの向上につながり，そのことが真に家庭科の深い学びであり，教科の本質に即した学習であるということができます。

　そこで次章では，家庭科のオーセンティックな学びを創るために，どのように授業をデザインすればよいのか，パフォーマンス課題を活かした授業づくりの具体的な方法について解説します。

10　大本久美子『生活を愉しみ豊かに生きる―家政学者の生活実践―』烽火書房，2021年

2030年に求められる資質・能力とは？

　下図は，OECDが2019年に公表した「OECDラーニング・コンパス2030」学習枠組みのもとになった図です。2030年に向けて必要な「イノベーション・サスティナブル・レジリエンス」は，新たな価値を創造する力，対立やジレンマに対処する力，責任ある行動をとる力をAAR（予測・行動・振り返り）サイクルの中で育成することで達成されるということが読み取れる図で，そのために育成したい「知識」，「スキル」，「態度及び価値観」が複雑に絡み合ってコンピテンシーが構成されているということがとてもわかりやすく表現されています。エージェンシーの概念はこの図を知っていると，より深く理解できるのではないでしょうか。

　図に示された「スキル」，「態度及び価値観」の内容を見てみると，批判的思考力，創造的思考力，問題解決能力，手先の器用さ，自制心，共感性，協働性，好奇心，責任，成長志向，オープンマインド，適応性，自己効力感等が確認できます。

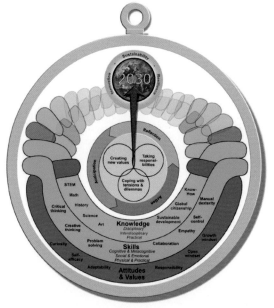

(EDUCATION 2030 : DRAFT DISCUSSION PAPER ON THE PROGRESS OF THE OECD LEARNING FRAMEWORK 2030, 2016)

　幸福学（well-being study）研究者である前野隆司は，well-beingには，俯瞰的な広い視野が必要であるとし，他人と比べられる財，地位などは長続きしない幸せで，長続きする「非地位財」型の幸せ（安全など環境に基づくもの・健康など身体に基づくもの・心的要因）が重要であると指摘しています。その非地位財型の幸せの心的要因として，4つの幸せ因子が提唱されていますが，それらは「やってみよう因子，ありがとう因子，なんとかなる因子，ありのままに因子」です。特にこの中の「やってみよう因子」は，自己実現と成長，主体性，強みなどに関連し，他者と比べることなく，自分の夢や目標を見つけ，自らの個性を磨いて自分らしく生きる，まさにエージェンシーの概念と重なるものではないでしょうか。エージェンシーを育成することで，好奇心，成長志向，創造的思考力などを身に付けた，やってみよう因子をもつ子どもたちが増えるにちがいありません。

（参考：慶應義塾大学大学院システムデザイン・マネジメント研究科ヒューマンシステムデザイン室「ヒューマンラボ」
http://lab.sdm.keio.ac.jp/maenolab/questionnaire.html）

SDGs17のゴール・169のターゲット

目標1

貧困をなくそう

あらゆる場所で，あらゆる形態の貧困を終わらせる

1.1 2030年までに，現在のところ1日1.25ドル未満で生活する人々と定められている，極度の貧困（※1）をあらゆる場所で終わらせる。**1.2** 2030年までに，各国で定められたあらゆる面で貧困状態にある全年齢の男女・子どもの割合を少なくとも半減させる。**1.3** すべての人々に対し，最低限の生活水準の達成を含む適切な社会保護制度や対策を各国で実施し，2030年までに貧困層や弱い立場にある人々に対し十分な保護を達成する。**1.4** 2030年までに，すべての男女，特に貧困層や弱い立場にある人々が，経済的資源に対する平等の権利がもてるようにするとともに，基礎的サービス，土地やその他の財産に対する所有権と管理権限，相続財産，天然資源，適正な新技術（※2），マイクロファイナンスを含む金融サービスが利用できるようにする。**1.5** 2030年までに，貧困層や状況の変化の影響を受けやすい人々のレジリエンス（※3）を高め，極端な気候現象やその他の経済，社会，環境的な打撃や災難に見舞われたり被害を受けたりする危険度を小さくする。**1.a** あらゆる面での貧困を終わらせるための計画や政策の実施を目指して，開発途上国，特に後発開発途上国に対して適切で予測可能な手段を提供するため，開発協力の強化などを通じ，さまざまな供給源から相当量の資源を確実に動員する。**1.b** 貧困をなくす取り組みへの投資拡大を支援するため，貧困層やジェンダーを十分勘案した開発戦略にもとづく適正な政策枠組みを，国，地域，国際レベルでつくりだす。

目標2

飢餓をゼロに

飢餓を終わらせ，食料の安定確保と栄養状態の改善を実現し，持続可能な農業を促進する

2.1 2030年までに，飢餓をなくし，すべての人々，特に貧困層や乳幼児を含む状況の変化の影響を受けやすい人々が，安全で栄養のある十分な食料を一年を通して得られるようにする。**2.2** 2030年までに，あらゆる形態の栄養不良を解消し，成長期の女子，妊婦・授乳婦，高齢者の栄養ニーズに対処する。2025年までに5歳未満の子どもの発育阻害や消耗性疾患について国際的に合意した目標を達成する。**2.3** 2030年までに，土地，その他の生産資源や投入財，知識，金融サービス，市場，高付加価値化や農業以外の就業の機会に確実・平等にアクセスできるようにすることなどにより，小規模食料生産者，特に女性や先住民，家族経営の農家・牧畜家・漁家の生産性と所得を倍増させる。**2.4** 2030年までに，持続可能な食料生産システムを確立し，レジリエントな農業を実践する。そのような農業は，生産性の向上や生産量の増大，生態系の維持につながり，気候変動や異常気象，干ばつ，洪水やその他の災害への適応能力を向上させ，着実に土地と土壌の質を改善する。**2.5** 2020年までに，国，地域，国際レベルで適正に管理・多様化された種子・植物バンクなどを通じて，種子，栽培植物，家畜やその近縁野生種の遺伝的多様性を維持し，国際的合意にもとづき，遺伝資源やそれに関連する伝統的な知識の利用と，利用から生じる利益の公正・公平な配分を促進する。**2.a** 開発途上国，特に後発開発途上国の農業生産能力を高めるため，国際協力の強化などを通じて，農村インフラ，農業研究・普及サービス，技術開発，植物・家畜の遺伝子バンクへの投資を拡大する。**2.b** ドーハ開発ラウンド（※4）の決議に従い，あらゆる形態の農産物輸出補助金と，同等の効果がある輸出措置を並行して撤廃することなどを通じて，世界の農産物市場における貿易制限やひずみを是正・防止する。**2.c** 食料価格の極端な変動に歯止めをかけるため，食品市場やデリバティブ（※5）市場が適正に機能するように対策を取り，食料備蓄などの市場情報がタイムリーに入手できるようにする。

目標3

すべての人に健康と福祉を

あらゆる年齢のすべての人々の健康的な生活を確実にし，福祉を推進する

3.1 2030年までに，世界の妊産婦の死亡率を出生10万人あたり70人未満にまで下げる。**3.2** 2030年までに，すべての国々が，新生児の死亡率を出生1000人あたり12人以下に，5歳未満児の死亡率を出生1000人あたり25人以下に下げることを目指し，新生児と5歳未満児の防ぐことができる死亡をなくす。**3.3** 2030年までに，エイズ，結核，マラリア，顧みられない熱帯病（※6）といった感染症を根絶し，肝炎，水系感染症，その他の感染症に立ち向かう。**3.4** 2030年までに，非感染性疾患による早期死亡率を予防や治療により3分の1減らし，心の健康と福祉を推進する。**3.5** 麻薬・薬物乱用や有害なアルコール摂取の防止や治療を強化する。**3.6** 2020年までに，世界の道路交通事故による死傷者の数を半分に減らす。**3.7** 2030年までに，家族計画や情報・教育を含む性と生殖に関する保健サービスをすべての人々が確実に利用できるようにし，性と生殖に関する健康（リプロダクティブ・ヘルス）を国家戦略・計画に確実に組み入れる。**3.8** すべての人々が，経済的リスクに対する保護，質が高く不可欠な保健サービスや，安全・効果的で質が高く安価な必須医薬品やワクチンを利用できるようになることを含む，ユニバーサル・ヘルス・カバレッジ（UHC）（※7）を達成する。**3.9** 2030年までに，有害化学物質や大気・水質・土壌の汚染による死亡や疾病の数を大幅に減らす。**3.a** すべての国々で適切に，たばこの規制に関する世界保健機関枠組条約の実施を強化する。**3.b** おもに開発途上国に影響を及ぼす感染性や非感染性疾患のワクチンや医薬品の研究開発を支援する。また，「TRIPS協定（知的所有権の貿易関連の側面に関する協定）と公衆の健康に関するドーハ宣言」に従い，安価な必須医薬品やワクチンが利用できるようにする。同宣言は，公衆衛生を保護し，特にすべての人々が医薬品を利用できるようにするために「TRIPS協定」の柔軟性に関する規定を最大限に行使する開発途上国の権利を認めるものである。**3.c** 開発途上国，特に後発開発途上国や小島嶼開発途上国で，保健財政や，保健人材の採用，能力開発，訓練，定着を大幅に拡大する。**3.d** すべての国々，特に開発途上国で，国内および世界で発生する健康リスクの早期警告やリスク軽減・管理のための能力を強化する。

目標4

質の高い教育をみんなに

すべての人々に，だれもが受けられる公平で質の高い教育を提供し，生涯学習の機会を促進する

4.1 2030年までに，すべての少女と少年が，適切で効果的な学習成果をもたらす，無償かつ公正で質の高い初等教育・中等教育を修了できるようにする。
4.2 2030年までに，すべての少女と少年が，初等教育を受ける準備が整うよう，乳幼児向けの質の高い発達支援やケア，就学前教育を受けられるように

する。**4.3** 2030年までに，すべての女性と男性が，手頃な価格で質の高い技術教育や職業教育，そして大学を含む高等教育を平等に受けられるようにする。**4.4** 2030年までに，就職や働きがいのある人間らしい仕事，起業に必要な，技術的・職業的スキルなどの技能をもつ若者と成人の数を大幅に増やす。**4.5** 2030年までに，教育におけるジェンダー格差をなくし，障害者，先住民，状況の変化の影響を受けやすい子どもなど，社会的弱者があらゆるレベルの教育や職業訓練を平等に受けられるようにする。**4.6** 2030年までに，すべての若者と大多数の成人が，男女ともに，読み書き能力と基本的な計算能力を身につけられるようにする。**4.7** 2030年までに，すべての学習者が，とりわけ持続可能な開発のための教育と，持続可能なライフスタイル，人権，ジェンダー平等，平和と非暴力文化の推進，グローバル・シチズンシップ（＝地球市民の精神），文化多様性の尊重，持続可能な開発に文化が貢献することの価値認識，などの教育を通して，持続可能な開発を促進するために必要な知識とスキルを確実に習得できるようにする。**4.a** 子どもや障害のある人々，ジェンダーに配慮の行き届いた教育施設を建設・改良し，すべての人々にとって安全で，暴力がなく，だれもが利用できる，効果的な学習環境を提供する。**4.b** 2020年までに，先進国やその他の開発途上国で，職業訓練，情報通信技術（ICT），技術・工学・科学プログラムなどを含む高等教育を受けるための，開発途上国，特に後発開発途上国や小島嶼開発途上国，アフリカ諸国を対象とした奨学金の件数を全世界で大幅に増やす。**4.c** 2030年までに，開発途上国，特に後発開発途上国や小島嶼開発途上国における教員養成のための国際協力などを通じて，資格をもつ教員の数を大幅に増やす。

目標5

ジェンダー平等を実現しよう

ジェンダー平等を達成し，すべての女性・少女のエンパワーメントを行う

5.1 あらゆる場所で，すべての女性・少女に対するあらゆる形態の差別をなくす。**5.2** 人身売買や性的・その他の搾取を含め，公的・私的な場で，すべての女性・少女に対するあらゆる形態の暴力をなくす。**5.3** 児童婚，早期結婚，強制結婚，女性器切除など，あらゆる有害な慣行をなくす。**5.4** 公共サービス，インフラ，社会保障政策の提供や，各国の状況に応じた世帯・家族内での責任分担を通じて，無報酬の育児・介護や家事労働を認識し評価する。**5.5** 政治，経済，公共の場でのあらゆるレベルの意思決定において，完全で効果的な女性の参画と平等なリーダーシップの機会を確保する。**5.6** 国際人口開発会議（ICPD）の行動計画と，北京行動綱領およびその検証会議の成果文書への合意にもとづき，性と生殖に関する健康と権利をだれもが手に入れられるようにする。**5.a** 女性が経済的資源に対する平等の権利を得るとともに，土地・その他の財産，金融サービス，相続財産，天然資源を所有・管理できるよう，各国法にもとづき改革を行う。**5.b** 女性のエンパワーメント（※8）を促進するため，実現技術，特に情報通信技術（ICT）の活用を強化する。**5.c** ジェンダー平等の促進と，すべての女性・少女のあらゆるレベルにおけるエンパワーメントのため，適正な政策や拘束力のある法律を導入し強化する。

目標6

安全な水とトイレを世界中に

すべての人々が水と衛生施設を利用できるようにし，持続可能な水・衛生管理を確実にする

6.1 2030年までに，すべての人々が等しく，安全で入手可能な価格の飲料水を利用できるようにする。**6.2** 2030年までに，女性や少女，状況の変化の影響を受けやすい人々のニーズに特に注意を向けながら，すべての人々が適切・公平に下水施設・衛生施設を利用できるようにし，屋外での排泄をなくす。**6.3** 2030年までに，汚染を減らし，投棄をなくし，有害な化学物質や危険物の放出を最小化し，未処理の排水の割合を半減させ，再生利用と安全な再利用を世界中で大幅に増やすことによって，水質を改善する。**6.4** 2030年までに，水不足に対処し，水不足の影響を受ける人々の数を大幅に減らすために，あらゆるセクターで水の利用効率を大幅に改善し，淡水の持続可能な採取・供給を確実にする。**6.5** 2030年までに，必要に応じて国境を越えた協力などを通じ，あらゆるレベルでの統合的水資源管理を実施する。**6.6** 2020年までに，山地，森林，湿地，河川，帯水層，湖沼を含めて，水系生態系の保護・回復を行う。**6.a** 2030年までに，集水，海水の淡水化，効率的な水利用，排水処理，再生利用や再利用の技術を含め，水・衛生分野の活動や計画において，開発途上国に対する国際協力と能力構築の支援を拡大する。**6.b** 水・衛生管理の向上に地域コミュニティが関わることを支援し強化する。

目標7

エネルギーをみんなに　そしてクリーンに

すべての人々が，手頃な価格で信頼性の高い持続可能で現代的なエネルギーを利用できるようにする

7.1 2030年までに，手頃な価格で信頼性の高い現代的なエネルギーサービスをすべての人々が利用できるようにする。**7.2** 2030年までに，世界のエネルギーミックス（※9）における再生可能エネルギーの割合を大幅に増やす。**7.3** 2030年までに，世界全体のエネルギー効率の改善率を倍増させる。**7.a** 2030年までに，再生可能エネルギー，エネルギー効率，先進的でより環境負荷の低い化石燃料技術など，クリーンなエネルギーの研究や技術の利用を進めるための国際協力を強化し，エネルギー関連インフラとクリーンエネルギー技術への投資を促進する。**7.b** 2030年までに，各支援プログラムに沿って，開発途上国，特に後発開発途上国や小島嶼開発途上国，内陸開発途上国において，すべての人々に現代的で持続可能なエネルギーサービスを提供するためのインフラを拡大し，技術を向上させる。

目標8

働きがいも経済成長も

すべての人々にとって，持続的でだれも排除しない持続可能な経済成長，
完全かつ生産的な雇用，働きがいのある人間らしい仕事（ディーセント・ワーク）を促進する

8.1 各国の状況に応じて，一人あたりの経済成長率を持続させ，特に後発開発途上国では少なくとも年率7％のGDP成長率を保つ。**8.2** 高付加価値セクターや労働集約型セクターに重点を置くことなどにより，多様化や技術向上，イノベーションを通じて，より高いレベルの経済生産性を達成する。**8.3** 生産的な活動，働きがいのある人間らしい職の創出，起業家精神，創造性やイノベーションを支援する開発重視型の政策を推進し，金融サービスの利用などを通じて中小零細企業の設立や成長を促す。**8.4** 2030年までに，消費と生産における世界の資源効率を着実に改善し，先進国主導のもと，「持続可能な消費と生産に関する10カ年計画枠組み」に従って，経済成長が環境悪化につながらないようにする。**8.5** 2030年までに，若者や障害者を含むすべての女性と男性にとって，完全かつ生産的な雇用と働きがいのある人間らしい仕事（ディーセント・ワーク）を実現し，同一労働同一賃金を達成する。**8.6** 2020年までに，就労，就学，職業訓練のいずれも行っていない若者の割合を大幅に減らす。**8.7** 強制労働を完全になくし，現代的奴隷制と人身売買を終

わらせ，子ども兵士の募集・使用を含めた，最悪な形態の児童労働を確実に禁止・撤廃するための効果的な措置をただちに実施し，2025 年までにあらゆる形態の児童労働をなくす。**8.8**　移住労働者，特に女性の移住労働者や不安定な雇用状態にある人々を含め，すべての労働者を対象に，労働基本権を保護し安全・安心な労働環境を促進する。**8.9**　2030 年までに，雇用創出や各地の文化振興・産品販促につながる，持続可能な観光業を推進する政策を立案・実施する。**8.10**　すべての人々が銀行取引，保険，金融サービスを利用できるようにするため，国内の金融機関の能力を強化する。**8.a**「後発開発途上国への貿易関連技術支援のための拡大統合フレームワーク（EIF）」などを通じて，開発途上国，特に後発開発途上国に対する「貿易のための援助（AfT）」を拡大する。**8.b**　2020 年までに，若者の雇用のために世界規模の戦略を展開・運用可能にし，国際労働機関（ILO）の「仕事に関する世界協定」を実施する。

目標 9
産業と技術革新の基盤をつくろう
レジリエントなインフラを構築し，だれもが参画できる持続可能な産業化を促進し，イノベーションを推進する

9.1　経済発展と人間の幸福をサポートするため，すべての人々が容易かつ公平に利用できることに重点を置きながら，地域内および国境を越えたインフラを含む，質が高く信頼性があり持続可能でレジリエントなインフラを開発する。**9.2**　だれもが参画できる持続可能な産業化を促進し，2030 年までに，各国の状況に応じて雇用や GDP に占める産業セクターの割合を大幅に増やす。後発開発途上国ではその割合を倍にする。**9.3**　より多くの小規模製造業やその他の企業が，特に開発途上国で，利用しやすい融資などの金融サービスを受けることができ，バリューチェーン（※ 10）や市場に組み込まれるようにする。**9.4**　2030 年までに，インフラを改良し持続可能な産業につくり変える。そのために，すべての国々が自国の能力に応じた取り組みを行いながら，資源利用効率の向上とクリーンで環境に配慮した技術・産業プロセスの導入を拡大する。**9.5**　2030 年までに，開発途上国をはじめとするすべての国々で科学研究を強化し，産業セクターの技術能力を向上させる。そのために，イノベーションを促進し，100 万人あたりの研究開発従事者の数を大幅に増やし，官民による研究開発費を増加する。**9.a**　アフリカ諸国，後発開発途上国，内陸開発途上国，小島嶼開発途上国への金融・テクノロジー・技術の支援強化を通じて，開発途上国における持続可能でレジリエントなインフラ開発を促進する。**9.b**　開発途上国の国内における技術開発，研究，イノベーションを，特に産業の多様化を促し商品の価値を高めるための政策環境を保障することなどによって支援する。**9.c**　情報通信技術（ICT）へのアクセスを大幅に増やし，2020 年までに，後発開発途上国でだれもが当たり前のようにインターネットを使えるようにする。

目標 10
人や国の不平等をなくそう
国内および各国間の不平等を減らす

10.1　2030 年までに，各国の所得下位 40％の人々の所得の伸び率を，国内平均を上回る数値で着実に達成し維持する。**10.2**　2030 年までに，年齢，性別，障害，人種，民族，出自，宗教，経済的地位やその他の状況にかかわらず，すべての人々に社会的・経済的・政治的に排除されず参画できる力を与え，その参画を推進する。**10.3**　差別的な法律や政策，慣行を撤廃し，関連する適切な立法や政策，行動を推進することによって，機会均等を確実にし，結果の不平等を減らす。**10.4**　財政，賃金，社会保障政策といった政策を重点的に導入し，さらなる平等を着実に達成する。**10.5**　世界の金融市場と金融機関に対する規制とモニタリングを改善し，こうした規制の実施を強化する。**10.6**　より効果的で信頼でき，説明責任のある正当な制度を実現するため，地球規模の経済および金融に関する国際機関での意思決定における開発途上国の参加や発言力を強める。**10.7**　計画的でよく管理された移住政策の実施などにより，秩序のとれた，安全かつ正規の，責任ある移住や人の移動を促進する。**10.a**　世界貿易機関（WTO）協定に従い，開発途上国，特に後発開発途上国に対して「特別かつ異なる待遇（S&D）」の原則を適用する。**10.b**　各国の国家計画やプログラムに従って，ニーズが最も大きい国々，特に後発開発途上国，アフリカ諸国，小島嶼開発途上国，内陸開発途上国に対し，政府開発援助（ODA）や海外直接投資を含む資金の流入を促進する。**10.c**　2030 年までに，移民による送金のコストを 3 ％未満に引き下げ，コストが 5 ％を超える送金経路を完全になくす。

目標 11
住み続けられるまちづくりを
都市や人間の居住地をだれも排除せず安全かつレジリエントで持続可能にする

11.1　2030 年までに，すべての人々が，適切で安全・安価な住宅と基本的サービスを確実に利用できるようにし，スラムを改善する。**11.2**　2030 年までに，弱い立場にある人々，女性，子ども，障害者，高齢者のニーズに特に配慮しながら，とりわけ公共交通機関の拡大によって交通の安全性を改善して，すべての人々が，安全で，手頃な価格の，使いやすく持続可能な輸送システムを利用できるようにする。**11.3**　2030 年までに，すべての国々で，だれも排除しない持続可能な都市化を進め，参加型で差別のない持続可能な人間居住を計画・管理する能力を強化する。**11.4**　世界の文化遺産・自然遺産を保護・保全する取り組みを強化する。**11.5**　2030 年までに，貧困層や弱い立場にある人々の保護に焦点を当てwhile，水関連災害を含め，災害による死者や被災者の数を大きく減らし，世界の GDP 比における直接的経済損失を大幅に縮小する。**11.6**　2030 年までに，大気環境や，自治体などによる廃棄物の管理に特に注意することで，都市の一人あたりの環境上の悪影響を小さくする。**11.7**　2030 年までに，すべての人々，特に女性，子ども，高齢者，障害者などが，安全でだれもが使いやすい緑地や公共スペースを利用できるようにする。**11.a**　各国・各地域の開発計画を強化することにより，経済・社会・環境面における都市部，都市周辺部，農村部の間の良好なつながりをサポートする。**11.b**　2020 年までに，すべての人々を含むことを目指し，資源効率，気候変動の緩和と適応，災害に対するレジリエンスを目的とした総合的政策・計画を導入・実施する都市や集落の数を大幅に増やし，「仙台防災枠組 2015-2030」に沿って，あらゆるレベルで総合的な災害リスク管理を策定し実施する。**11.c**　財政・技術支援などを通じ，現地の資材を用いた持続可能でレジリエントな建物の建築について，後発開発途上国を支援する。

目標 12
つくる責任　つかう責任
持続可能な消費・生産形態を確実にする

12.1　先進国主導のもと，開発途上国の開発状況や能力を考慮しつつ，すべての国々が行動を起こし，「持続可能な消費と生産に関する 10 年計画枠組み

（10YFP）」を実施する。**12.2**　2030 年までに、天然資源の持続可能な管理と効率的な利用を実現する。**12.3**　2030 年までに、小売・消費者レベルにおける世界全体の一人あたり食品廃棄を半分にし、収穫後の損失を含めて生産・サプライチェーンにおける食品ロスを減らす。**12.4**　2020 年までに、合意された国際的な枠組みに従い、製品ライフサイクル全体を通して化学物質や廃棄物の環境に配慮した管理を実現し、人の健康や環境への悪影響を最小限に抑えるため、大気、水、土壌への化学物質や廃棄物の放出を大幅に減らす。**12.5**　2030 年までに、廃棄物の発生を、予防、削減（リデュース）、再生利用（リサイクル）や再利用（リユース）により大幅に減らす。**12.6**　企業、特に大企業や多国籍企業に対し、持続可能な取り組みを導入し、持続可能性に関する情報を定期報告に盛り込むよう促す。**12.7**　国内の政策や優先事項に従って、持続可能な公共調達の取り組みを促進する。**12.8**　2030 年までに、人々があらゆる場所で、持続可能な開発や自然と調和したライフスタイルのために、適切な情報が得られ意識がもてるようにする。**12.a**　より持続可能な消費・生産形態に移行するため、開発途上国の科学的・技術的能力の強化を支援する。**12.b**　雇用創出や地域の文化振興・産品販促につながる持続可能な観光業に対して、持続可能な開発がもたらす影響を測定する手法を開発・導入する。**12.c**　税制を改正し、有害な補助金がある場合は環境への影響を考慮して段階的に廃止するなど、各国の状況に応じて市場のひずみをなくすことで、無駄な消費につながる化石燃料への非効率な補助金を合理化する。その際には、開発途上国の特別なニーズや状況を十分に考慮し、貧困層や影響を受けるコミュニティを保護する形で、開発における悪影響を最小限に留める。

目標 13

気候変動に具体的な対策を

気候変動とその影響に立ち向かうため、緊急対策を実施する *

* 国連気候変動枠組条約（UNFCCC）が、気候変動への世界的な対応について交渉を行う最優先の国際的政府間対話の場であると認識している。

13.1　すべての国々で、気候関連の災害や自然災害に対するレジリエンスと適応力を強化する。**13.2**　気候変動対策を、国の政策や戦略、計画に統合する。**13.3**　気候変動の緩和策と適応策、影響の軽減、早期警戒に関する教育、啓発、人的能力、組織の対応能力を改善する。**13.a**　重要な緩和行動と、その実施における透明性確保に関する開発途上国のニーズに対応するため、2020 年までにあらゆる供給源から年間 1,000 億ドルを共同で調達するという目標への、国連気候変動枠組条約（UNFCCC）を締約した先進国によるコミットメントを実施し、可能な限り早く資本を投入して「緑の気候基金」の本格的な運用を開始する。**13.b**　女性や若者、地域コミュニティや社会の主流から取り残されたコミュニティに焦点を当てることを含め、後発開発途上国や小島嶼開発途上国で、気候変動関連の効果的な計画策定・管理の能力を向上させるしくみを推進する。

目標 14

海の豊かさを守ろう

持続可能な開発のために、海洋や海洋資源を保全し持続可能な形で利用する

14.1　2025 年までに、海洋堆積物や富栄養化を含め、特に陸上活動からの汚染による、あらゆる種類の海洋汚染を防ぎ大幅に減らす。**14.2**　2020 年までに、重大な悪影響を回避するため、レジリエンスを高めることなどによって海洋・沿岸の生態系を持続的な形で管理・保護する。また、健全で豊かな海洋を実現するため、生態系の回復に向けた取り組みを行う。**14.3**　あらゆるレベルでの科学的協力を強化するなどして、海洋酸性化の影響を最小限に抑え、その影響に対処する。**14.4**　2020 年までに、漁獲を効果的に規制し、過剰漁業や違法・無報告・無規制（IUU）漁業、破壊的な漁業活動を終わらせ、科学的根拠にもとづいた管理計画を実施する。これにより、水産資源を、実現可能な最短期間で、少なくとも各資源の生物学的特性によって定められる最大持続生産量（※ 11）のレベルまで回復させる。**14.5**　2020 年までに、国内法や国際法に従い、最大限入手可能な科学情報にもとづいて、沿岸域・海域の少なくとも 10％を保全する。**14.6**　2020 年までに、過剰漁獲能力や過剰漁獲につながる特定の漁業補助金を禁止し、違法・無報告・無規制（IUU）漁業につながる補助金を完全になくし、同様の新たな補助金を導入しない。その際、開発途上国や後発開発途上国に対する適切で効果的な「特別かつ異なる待遇（S&D）」が、世界貿易機関（WTO）漁業補助金交渉の不可欠な要素であるべきだと認識する。**14.7**　2030 年までに、漁業や水産養殖、観光業の持続可能な管理などを通じて、海洋資源の持続的な利用による小島嶼開発途上国や後発開発途上国の経済的便益を増やす。**14.a**　海洋の健全性を改善し、海の生物多様性が、開発途上国、特に小島嶼開発途上国や後発開発途上国の開発にもたらす貢献を高めるために、「海洋技術の移転に関するユネスコ政府間海洋学委員会の基準・ガイドライン」を考慮しつつ、科学的知識を高め、研究能力を向上させ、海洋技術を移転する。**14.b**　小規模で伝統的漁法の漁業者が、海洋資源を利用し市場に参入できるようにする。**14.c**　「我々の求める未来」（※ 12）の第 158 パラグラフで想起されるように、海洋や海洋資源の保全と持続可能な利用のための法的枠組みを規定する「海洋法に関する国際連合条約（UNCLOS）」に反映されている国際法を施行することにより、海洋や海洋資源の保全と持続可能な利用を強化する。

目標 15

陸の豊かさも守ろう

陸の生態系を保護・回復するとともに持続可能な利用を推進し、
持続可能な森林管理を行い、砂漠化を食い止め、土地劣化を阻止・回復し、生物多様性の損失を止める

15.1　2020 年までに、国際的合意にもとづく義務により、陸域・内陸淡水生態系とそのサービス（※ 13）、特に森林、湿地、山地、乾燥地の保全と回復、持続可能な利用を確実なものにする。**15.2**　2020 年までに、あらゆる種類の森林の持続可能な経営の実施を促進し、森林減少を止め、劣化した森林を回復させ、世界全体で新規植林と再植林を大幅に増やす。**15.3**　2030 年までに、砂漠化を食い止め、砂漠化や干ばつ、洪水の影響を受けた土地を含む劣化した土地と土壌を回復させ、土地劣化を引き起こさない世界の実現に尽力する。**15.4**　2030 年までに、持続可能な開発に不可欠な恩恵をもたらす能力を高めるため、生物多様性を含む山岳生態系の保全を確実に行う。**15.5**　自然生息地の劣化を抑え、生物多様性の損失を止め、2020 年までに絶滅危惧種を保護して絶滅を防ぐため、緊急かつ有効な対策を取る。**15.6**　国際合意にもとづき、遺伝資源の利用から生じる利益の公正・公平な配分を促進し、遺伝資源を取得する適切な機会を得られるようにする。**15.7**　保護の対象となっている動植物種の密猟や違法取引をなくすための緊急対策を実施し、違法な野生生物製品の需要と供給の両方に対処する。**15.8**　2020 年までに、外来種の侵入を防ぐとともに、これらの外来種が陸や海の生態系に及ぼす影響を大幅に減らすための対策を導入し、優占種（※ 14）を制御または一掃する。**15.9**　2020 年までに、生態系と生物多様性の価値を、国や地域の計画策定、開発プロセス、貧困削減のための戦略や会計に組み込む。**15.a**　生物多様性および生態系の保全と持続的な利用のために、あらゆる資金源から資金を調達し大幅に増やす。**15.b**　持続可能な森林管理に資金を提供するために、あらゆる供給源からあらゆるレベルで相当量の資金を調達し、保全や再植林を含む森林管理を推進するのに十分なインセンティブを開発途上国に与える。**15.c**　地域コミュニティが持続的な生計機会を追求する能力を高めることなどにより、保護種の密猟や違法な取引を食い止める取り組みへの世界規模の支援を強化する。

目標 16

平和と公正をすべての人に

持続可能な開発のための平和でだれをも受け入れる社会を促進し，すべての人々が司法を利用できるようにし，あらゆるレベルにおいて効果的で説明責任がありだれも排除しないしくみを構築する

16.1 すべての場所で，あらゆる形態の暴力と暴力関連の死亡率を大幅に減らす。**16.2** 子どもに対する虐待，搾取，人身売買，あらゆる形態の暴力，そして子どもの拷問をなくす。**16.3** 国および国際的なレベルでの法の支配を促進し，すべての人々が平等に司法を利用できるようにする。**16.4** 2030年までに，違法な資金の流れや武器の流通を大幅に減らし，奪われた財産の回収や返還を強化し，あらゆる形態の組織犯罪を根絶する。**16.5** あらゆる形態の汚職や贈賄を大幅に減らす。**16.6** あらゆるレベルにおいて，効果的で説明責任があり透明性の高いしくみを構築する。**16.7** あらゆるレベルにおいて，対応が迅速で，だれも排除しない，参加型・代議制の意思決定を保障する。**16.8** グローバル・ガバナンスのしくみへの開発途上国の参加を拡大・強化する。**16.9** 2030年までに，出生登録を含む法的な身分証明をすべての人々に提供する。**16.10** 国内法規や国際協定に従い，だれもが情報を利用できるようにし，基本的自由を保護する。**16.a** 暴力を防ぎ，テロリズムや犯罪に立ち向かうために，特に開発途上国で，あらゆるレベルでの能力向上のため，国際協力などを通じて関連する国家機関を強化する。**16.b** 持続可能な開発のための差別的でない法律や政策を推進し施行する。

目標 17

パートナーシップで目標を達成しよう

実施手段を強化し，「持続可能な開発のためのグローバル・パートナーシップ」を活性化する

【資金】 17.1 税金・その他の歳入を徴収する国内の能力を向上させるため，開発途上国への国際支援などを通じ，国内の資金調達を強化する。**17.2** 開発途上国に対する政府開発援助（ODA）をGNI（※15）比0.7%，後発開発途上国に対するODAをGNI比0.15～0.20%にするという目標を達成するとした多くの先進国による公約を含め，先進国はODAに関する公約を完全に実施する。ODA供与国は，少なくともGNI比0.20%のODAを後発開発途上国に供与するという目標の設定を検討するよう奨励される。**17.3** 開発途上国のための追加的な資金を複数の財源から調達する。**17.4** 必要に応じて，負債による資金調達，債務救済，債務再編などの促進を目的とした協調的な政策を通じ，開発途上国の長期的な債務の持続可能性の実現を支援し，債務リスクを軽減するために重債務貧困国（HIPC）の対外債務に対処する。**17.5** 後発開発途上国のための投資促進枠組みを導入・実施する。**【技術】 17.6** 科学技術イノベーション（STI）に関する南北協力や南南協力，地域的・国際的な三角協力，および科学技術イノベーションへのアクセスを強化する。国連レベルをはじめとする既存のメカニズム間の調整を改善することや，全世界的な技術促進メカニズムなどを通じて，相互に合意した条件で知識の共有を進める。**17.7** 譲許的・特恵的条件を含め，相互に合意した有利な条件のもとで，開発途上国に対し，環境に配慮した技術の開発，移転，普及，拡散を促進する。**17.8** 2017年までに，後発開発途上国のための技術バンクや科学技術イノベーション能力構築メカニズムの本格的な運用を開始し，実現技術，特に情報通信技術（ICT）の活用を強化する。**【能力構築】 17.9** 「持続可能な開発目標（SDGs）」をすべて実施するための国家計画を支援するために，南北協力，南南協力，三角協力などを通じて，開発途上国における効果的で対象を絞った能力構築の実施に対する国際的な支援を強化する。**【貿易】 17.10** ドーハ・ラウンド（ドーハ開発アジェンダ＝DDA）の交渉結果などを通じ，世界貿易機関（WTO）のもと，普遍的でルールにもとづいた，オープンで差別的でない，公平な多角的貿易体制を推進する。**17.11** 2020年までに世界の輸出に占める後発開発途上国のシェアを倍にすることを特に視野に入れて，開発途上国の輸出を大幅に増やす。**17.12** 世界貿易機関（WTO）の決定に矛盾しない形で，後発開発途上国からの輸入に対する特恵的な原産地規則が，透明・簡略的で，市場アクセスの円滑化に寄与するものであると保障することなどにより，すべての後発開発途上国に対し，永続的な無税・無枠の市場アクセスをタイムリーに導入する。**【システム上の課題　政策・制度的整合性】 17.13** 政策協調や首尾一貫した政策などを通じて，世界的なマクロ経済の安定性を高める。**17.14** 持続可能な開発のための政策の一貫性を強める。**17.15** 貧困解消と持続可能な開発のための政策を確立・実施するために，各国が政策を決定する余地と各国のリーダーシップを尊重する。**【マルチステークホルダー・パートナーシップ】 17.16** すべての国々，特に開発途上国において「持続可能な開発目標（SDGs）」の達成を支援するために，知識，専門的知見，技術，資金源を動員・共有するマルチステークホルダー・パートナーシップによって補完される，「持続可能な開発のためのグローバル・パートナーシップ」を強化する。**17.17** さまざまなパートナーシップの経験や資源戦略にもとづき，効果的な公的，官民，市民社会のパートナーシップを奨励し，推進する。**【データ，モニタリング，説明責任】 17.18** 2020年までに，所得，ジェンダー，年齢，人種，民族，在留資格，障害，地理的位置，各国事情に関連するその他の特性によって細分類された，質が高くタイムリーで信頼性のあるデータを大幅に入手しやすくするために，後発開発途上国や小島嶼開発途上国を含む開発途上国に対する能力構築の支援を強化する。**17.19** 2030年までに，持続可能な開発の進捗状況を測る，GDPを補完する尺度の開発に向けた既存の取り組みをさらに強化し，開発途上国における統計に関する能力構築を支援する。

（※１）　極度の貧困の定義は，2015年10月に1日1.90ドル未満に修正されている。
（※２）　適正技術：技術が適用される国・地域の経済的・社会的・文化的な環境や条件，ニーズに合致した技術のこと。
（※３）　レジリエンス：回復力，立ち直る力，復元力，耐性，しなやかな強さなどを意味する。「レジリエント」は形容詞。
（※４）　ドーハ開発ラウンド：2001年11月のドーハ閣僚会議で開始が決定された，世界貿易機関（WTO）発足後初となるラウンドのこと。閣僚会議の開催場所（カタールの首都ドーハ）にちなんで「ドーハ・ラウンド」と呼ばれるが，正式には「ドーハ開発アジェンダ」と言う。
（※５）　デリバティブ：株式，債券，為替などの元になる金融商品（原資産）から派生して誕生した金融商品のこと。
（※６）　顧みられない熱帯病：おもに熱帯地域で蔓延する寄生虫や細菌感染症のこと。
（※７）　ユニバーサル・ヘルス・カバレッジ（UHC）：すべての人々が，基礎的な保健サービスを必要なときに負担可能な費用で受けられること。
（※８）　エンパワーメント：一人ひとりが，自らの意思で決定をし，状況を変革していく力を身につけること。
（※９）　エネルギーミックス：エネルギー（おもに電力）を生み出す際の，発生源となる石油，石炭，原子力，天然ガス，水力，地熱，太陽熱など一次エネルギーの組み合わせ，配分，構成比のこと。
（※10）　バリューチェーン：企業活動における業務の流れを，調達，製造，販売，保守などと機能単位に分割してとらえ，各機能単位が生み出す価値を分析して最大化することを目指す考え方。
（※11）　最大持続生産量：生物資源を減らすことなく得られる最大限の収獲のこと。おもにクジラを含む水産資源を対象に発展してきた資源管理概念。最大維持可能漁獲量とも言う。
（※12）　「我々の求める未来」：2012年6月にブラジルのリオデジャネイロで開催された「国連持続可能な開発会議」（リオ＋20）で採択された成果文書。「The Future We Want」。
（※13）　生態系サービス：生物・生態系に由来し，人間にとって利益となる機能のこと。
（※14）　優占種：生物群集で，量が特に多くて影響力が大きく，その群集の特徴を決定づけ代表する種。
（※15）　GNI：Gross National Income の頭文字を取ったもので，居住者が1年間に国内外から受け取った所得の合計のこと。国民総所得。

（慶應義塾大学 SFC 研究所 xSDGs・ラボ　「SDGs とターゲット新訳」制作委員会「SDGs とターゲット新訳」Ver.1.2 より引用転載
http://xsdg.jp/shinyaku_release.html）

私たちの暮らしと SDGs をつなぐコラム

　普段の私たちの暮らしが，さまざまなパートナーシップによって成り立っていくことに気付くと，物事の見え方も変わってきます。そして，「ヒト・コト・モノ」がつながることで，そのすべての命が大切にされていることに気付くことができるのです。授業の中で，子どもたちの視野を広げるのは大切な教育の役割です。それが，「質の高い教育をみんなに」与えることにほかなりません。

　それは，指導者の見識と腕にかかっています。

　そして，それがカリキュラムデザインのセンスでもあるのです。

　パフォーマンス課題を作るためのヒントとして，学習指導要領の内容にもう一歩踏み込んで，教科の本質から私たちの未来を創り上げていくためにどのようなものの見方・考え方が必要かを考えてみてください。

　「私たちの暮らしと SDGs をつなぐコラム」を 6 つ紹介します（⑤は p.48，⑥は p.76）。

　第 4 章の題材計画例とも関わらせているので，参考にしてください。

SUSTAINABLE DEVELOPMENT GOALS

自然のサイクルに寄り添うという選択

飽食の時代から今や自然への回帰に価値観がシフトしています。

たとえば，畑の野菜に目を向けてみましょう。畑の野菜たちは，人に食べてもらうために甘くなっているわけでもなくスタイルよく育つわけでもありません。野菜には野菜の事情もあるし，野菜にも多様性が認められて当然です。畑の"ダイバーシティ"です。そんなところに着目して人と人をつなぐ仕事をしている人たちも出てきました。

全国の農家をかけめぐる野菜バイヤーという仕事をしている人がいます。おいしいものを食べているときには人は必ず笑っている。おいしい野菜は，見た目のかっこよさではなく，育てた農家の人たちが託した愛情に満ちあふれているからおいしいのだ，というのです。

"Yasai (野菜) には ai (愛) がある"どんなに不揃いで規格外の野菜でも，土地の風土で懸命に育てる農家と消費者をつなぎその愛を伝えることができれば，人はその野菜の命を愛おしく思い，口にしたときに感謝の気持ちで"おいしい"と感じることができるはずです。また，このような規格外の野菜を仕入れて畑の都合に合わせて料理を作るという料理人さんもいます。「捨てられる食材に命を吹き込むことが生きがい」なのだそうです。毎朝，畑に出向いて，野菜や山野草と対話しながらその日に作る料理を考えるという料理人さんもいます。自然に寄り添い，野菜の持ち味を活かして，エンパワーメントによって，そのおいしさは，多くの人の口に届けられることで"おいしい"が人を笑顔にし，幸せにするというストーリーが生まれるわけです。野菜がものを言うわけではありませんが，このように自然に寄り添うという選択があるということを知っておくだけで，私たちの暮らし方は変わってきます。

生きていくためにはいろいろな選択をしなければなりません。選ばれるものもあれば選ばれないものもあります。しかし，どれにも必ず価値があり無駄なものなど一つもないということにも気付くべきです。それは，人が生きていく上で，ものであれ人であれ，命を大切にするという最も大事なことにもつながっていくわけです。

長い人生を命を大切にして生きていくのですから，子どもたちには小さいうちから，そんなことを肌で感じる体験が必要なのではないでしょうか。

(協力：日本料理「草喰なかひがし」(京都府京都市)，イタリア料理「草片 cusavilla」(東京都港区))

最新テクノロジーを支える“針と糸”

　私たちの毎日の生活は，最新の技術でどんどん革新されていきます。最新のテクノロジーの開発プロジェクトには，多くの人々の英知と地道な努力の結集が成功に導いたストーリーがあります。子どもたちに明るい未来の到来とともに伝えたい２つのエピソードを紹介します。

▲はやぶさ2　　　　© 池下章裕

　1つは2010年，将来の本格的なサンプルリターン探査に必須となる技術を実証した小惑星探査機「はやぶさ」プロジェクトの物語です。果てしない宇宙のはるか彼方に浮かぶイトカワに着陸させて表面物質を搭載したカプセルを地球に持ち帰ることに成功しました。長い年月をかけて探査機のエンジン開発やサンプルキャッチャーの部品の開発など失敗を繰り返しながら知恵と工夫を出し合い，根気強く取り組んだ研究プロジェクト

▲サンプラーホーン　　　©JAXA

は日本から世界中に未来への夢をもたらしました。着陸に耐えうる探査機にするため，弾力性のあるサンプラーホーンという脚の部分は，金属のバネと金属を織り込んだ強靭な布を縫い付ける構造になっています。ものすごい衝撃に耐えながらたった1秒の着地で確実に物質を吸い上げる構造です。JAXAから発注を受けた部品メーカーはある女性にこのミッションを委ねます。硬い布と金属のバネを絶対にほどけない縫い方で針と糸で縫う方法として，着物の帯締めをヒントにていねいに片結びを2回ずつ繰り返す方法を考えました。この女性は，幼い頃から針と糸を持つのが好きで，布を見つけてはいろいろなものを作ることが大好きだったそうです。この名もなき技術者の存在がなければ，「はやぶさ」プロジェクトの成功はなしえなかったのです。

　もう1つは，「NHK スペシャル　ホットスポット最後の楽園　フラミンゴ集う深紅の湖〜南米アンデス山脈〜」で私たちの世界に対する見方・考え方が変わる可能性をもたらしてくれた4K撮影部隊の物語です。アンデス山脈にはコロラダ湖というフラミンゴの美しい群れを見ることができる場所があります。一体どのようにしてこのような場所でこのような映像を撮ることができたのでしょうか？　撮影部隊は，夜明けとともにホバークラフトで湖に出かけてはタイミングをはかってそっと群れに近寄ることを毎日繰り返していました。コロラダ湖は岩塩で覆われているために，ある日ホバークラフトのタイヤ部分のチューブはボロボロに裂けてしまいます。お手上

▲コロラダ湖（ボリビア）PHOTO/Getty Images

げ状態のところに助け舟を出したのは先住民の女性たちでした。昔ながらの糸と針で見事に修繕してくれたおかげで元通りの撮影の仕事が続けられたといいます。

　このように，最新のテクノロジーに立ちはだかる困難も，人の手で“針と糸で縫う”という営みで乗り越えることができたという事実はすばらしいことだと思いませんか。

世界は素敵なヒントにあふれている

　毎日の衣食住の生活はいろいろなものに支えられています。持続可能な社会においては，それを選ぶ目と力が求められています。選ぶ基準や要素を学校の学習をもとに，社会の中でも活かしていくことが必要です。そのためにはより多くのものの価値と出会うことが重要です。人の知恵や工夫により生き続けてきた伝統文化，世界のそれぞれの自然と融合して生まれた文化に触れることはとても大切です。

　たとえば，自分とちがった環境で生まれ育った人から教わる食べ物や旅先で知るその土地特有の食材や料理もそうですし，その土地の気候や風土に合わせて工夫された住宅建築の建材や造りもそうです。それぞれが自然とともに共生しながら，自分たちの暮らしの中でよりおいしくより快適により楽しく暮らすための工夫を重ねてきたことが文化として根付いているのです。

　私たちが身にまとう衣服もそうです。日本の伝統である着物や帯も，何年経っても世代を超えて受け継がれて家族の愛情を紡いできました。友禅染や西陣織も有名ですが，古くは藤の蔓や麻を紡いだ繊維を織り，自然の藍や紅で染めた紬布なども伝統として各地に残っています。宮古上布もその一つです。また海を越えてアジアやヨーロッパ，アフリカ大陸でも自分たちのルーツを誇りにしている布や衣文化が見受けられます。たとえば多民族から構成されるミャンマーでは男性も女性も民族衣装ロンジーを愛用していますが，部族によって柄はさまざまで，デザインも機能的でありながら自分たちのファッションを楽しんでいます。また，アフリカのタンザニアやケニアでは，明るく色彩豊かなアフリカンプリントによって衣服や住居のテキスタイルを楽しみます。布の柄には一つ一つ意味があり，斬新さの中に伝統文化を見出すことができます。アクセサリーも普通なら捨ててしまうようなものをうまくリサイクルしたビーズから楽しんで作ってしまいます。

　太古よりどのような土地においても，人は自分の身を守ること，そして自分自身を表現することの喜びを追究してきました。条件や制約がある中での知恵や工夫は時として苦心でもあり，工夫は楽しさをも与えてきたのです。持続可能な生活はがまんして貧しく暮らすことでもがまんすることでもありません。知恵と工夫で豊かに楽しく暮らすことにほかなりません。世界にはそのような素敵なヒントがたくさんあふれています。さまざまな文化と出会うことで衣食住の生活を学ぶということの意味をもう少し広く深くとらえてみることもできるのではないでしょうか。

▲宮古上布（沖縄県宮古島）

▲ロンジー（ミャンマー）

31

命を住み継いでいく家，森林を守るために

戦後のベビーブームやニュータウンの開発によって核家族化が進み，多くの都市でドーナツ化現象が起こりました。そして，そのニューファミリーも壮年期から老年期を迎えて今やニュータウンはオールドタウン化し，町中にあった家は空き家になったり，取り壊されたりしてしまい，整然と受け継がれてきた町の景観が失われるという問題が生じてきています。みんなが幸せに暮らすためだったはずの「誰とどこにどう住ま

うか」の選択はもっと長い目で見ておく必要があったのかもしれません。今こそ，「家に住まう」ということの意味や町の機能を再生させることを考え直す時代が到来したともいえます。

　日本では昔に建てられた住宅は木造建築が多く，そもそも人が何年も住み継ぐことを想定して，使う建材もその場所にあった木材が選ばれていました。たとえば家の構造材（柱や梁など），屋根材，化粧材（天井，欄間，床柱など）によってその性質と機能のよさを生かして選んで使われていました。しかも，一本一本の木は，何年もかけて大事に山で育てられた木の命をいただいて作られているのです。また季節に合わせて，空気を入れ換えたり，温度を調節する役割も果たしてくれてきたのです。しかも森は私たちの命を守る防災や保水の役割を果たしていることも忘れてはなりません。無計画な植林や伐採はその機能を崩して人災ともなる可能性すらあるのです。家だけではありません。そこに住まうことでコミュニティが人を育ててきました。家を建てたり修繕したりするにしても，町の景観を損なわないような配慮が近隣とのコミュニケーションの中

で自然と行われてきましたが，現代社会は私たちの暮らしのプライバシーの保護とともに個人の事情や都合の優先によって崩れ始めました。

　家も家族と同様で，人がそこに住まうことで命をつないでいるのです。空き家になるとたちまち家が荒れていくのは，人の温もりがなくなるからです。長く家

をあけていると，帰ってきたときに冷え切って湿気ているように感じるのは家も毎日，命の鼓動を感じ取っているからです。一軒の家の空気は近隣にも伝わります。現代の住宅事情や自然環境の未来を方向付けていくのは，今を生きている私たち自身です。今さえよければではなく，この先何十年，何百年も先の子孫にどのような町や家を残していくのかという視点で今住んでいる家や土地に愛着をもって，ていねいに仲良く住まう感覚をもっていてほしいと思うのです。そのような中で，昔の町家の住まい方から自分たちの住まい方を考える授業で学ぶ小学生や，実践的に森林への関わり方を学んでいる高校生もいます。あなたの町にも同じような志をもつ人たちがいるはずです。

（協力：京都府立北桑田高等学校 京都フォレスト科，特定非営利法人 京町家再生研究会）

<理論編>

第2章

パフォーマンス課題による 実践的な学習へのアプローチ

　目指す資質・能力が明確になれば，次はそれを具現化し実現可能なものにする学び方を考えなければなりません。本章では学習者が魅力を感じながら，確実に意欲的に学び，真正の学びへと深めていくパフォーマンス課題を活かしたアプローチによる学習デザインと評価について解説します。

1 ウェルビーイングの向上を目指す学習とパフォーマンス評価

　私たちが目指そうとしている社会を実現するために，学校では，知識や技能を量的に保障するだけでなく，生活者，労働者，市民として他者と協働しながら「正解のない問題」に対応し納得解を見出す力，生涯にわたって学び続ける力など，高度で汎用性の高い知的能力や異質な他者と協働するためのコミュニケーション力といった学力の質の追求も求められるようになってきています。学習指導要領の枠組みや改訂の理念などを示した中教審答申[1]（平成28（2016）年12月21日）にも，「資質・能力のバランスのとれた学習評価を行っていくためには，指導と評価の一体化を図る中で，論述やレポートの作成，発表，グループでの話合い，作品の制作等といった多様な活動に取り組ませるパフォーマンス評価などを取り入れ，ペーパーテストの結果にとどまらない，多面的・多角的な評価を行っていくことが必要である」と述べられています。第1章で触れたようにウェルビーイングの向上を目指す真正の学習を実現するためには，質の高い資質・能力の育成が求められます。そこで，多面的・多角的な評価の一つとしてパフォーマンス評価に着目してみることにしました。

　パフォーマンス評価は真正の学習を生み出すとともに「使える」レベルの学力として[2]知識・スキル・情意の3つの柱を統合的に評価するものです。また，思考する必然性を重視することにより対象世界との深い対話を促すことが可能となります。だから学習者は，そのような学習課題に魅了されて意欲を持続的に向上させながら学習に向かうことができるのです。

　ウェルビーイングの向上を目指す学習は身近な生活の問題に出会うことから，時間軸・空間軸を広げながらよりよい社会をつくるためにもっている知識や技能をフル稼働させ，協働して創り上げたものを表現したり行動化したりして実践化に結び付けていく学習です。

　本章では，このような学習の核となる教科にふさわしい家庭科の題材構想について考えていきます。次に続く第3章では家庭科の平成29（2017）年，平成30（2018）年改訂の学習指導要領の内容A〜Cを中心にした例をあげながら，ウェルビーイングの向上を目指すために必要な力を育成する具体的な課題の作り方を示しました。第1章で述べたようにOECDのコンピテンシーや学習指導要領で求められている資質・能力をふまえて，変革を起こすコンピテンシーとの関連を示しています。「互いのよさを引き出し，より豊かな生活を求める力」「さまざまな考えを統合し，よりよく課題を解決する力」「自らの役割を自覚し，実践や行動にうつす力」を参考にあげてみました。児童・生徒の実態や教科の本質をはずさないで，私たちの未来を作り上げていくために必要な力をより具体化した

1　中央教育審議会「幼稚園，小学校，中学校，高等学校及び特別支援学校の学習指導要領等の改善及び必要な方策等について（答申）」（中教審第197号），2016年

2　石井英真『今求められる学力と学びとは　日本標準ブックレットNo.14』pp.11-14，日本標準，2015年

形で題材で重視したいこととして考えてみてほしいのです。このような学習を魅力的な学習にするために私たちはパフォーマンス課題による実践的な学習へのアプローチが有効なのではないかと考えます。

2 パフォーマンス課題で家庭科の学習の軸をとらえる

（1）パフォーマンス課題とは

　「パフォーマンス課題」とは子どもがさまざまな知識やスキルを総合して使いこなすことを求めるような課題のこと[3]です。子どもが取り組む作品は，レポートや論文，ポスターといった筆記によるものもあれば，プレゼンテーションやディベート，演劇，動画などの実演を求めるものなど多岐にわたります。また，作品が完成する前後でもさまざまなパフォーマンスを求めることができます。学習指導要領では，教科等ならではの「見方・考え方[4]」について「教科等の本質に関する問いに答えるためのものの見方・考え方」という説明がなされているように，パフォーマンス課題は，教科等の「本質的な問い[5]」に対応するものとして位置付けられています。

（2）「本質的な問い」と「永続的理解」

　「本質的な問い」とは，学問の中核に位置する問いであると同時に，生活との関連から「だから何なのか？」が見えてくるような問いでもあります。通常一問一答では答えられないような問いです。「本質的な問い」を問うことで，個々の知識やスキルが関連付けられ，総合されて深い理解へと至ることができます。

　題材で問われる「本質的な問い」が明確になったら，その問いに対して，どのような理解を身に付けてほしいのかを考えて「永続的理解」の内容を明確にします。

　本書のパフォーマンス課題による実践的な学習へのアプローチは，「本質的な問い」に対応する「見方・考え方」を育てるという提案の背景となっている「逆向き設計[6]」論の考え方に基づいています。パフォーマンス課題で「見方・考え方」を育てることは，学習者自身が教科の本質を見極めることにつながります。そして，パフォーマンス課題は「本質的な問い」に対応して開発されていくことを考えると，教科の本質をふまえた上での学習者にとって魅力的な課題づくりは「本質的な問い」「永続的理解」を練り上げることから始まるのです。パフォーマンス課題で家庭科の学習の"軸"をとらえるというのはまさ

3　西岡加名恵『教科と総合学習のカリキュラム設計』p.85，図書文化社，2016年
4　前掲1と同じ
5　西岡加名恵，前出書，pp.54-57
6　G.ウィギンズ／J.マクタイ著，西岡加名恵訳『理解をもたらすカリキュラム設計』日本標準，2012年

にこの部分にあたります。

　教科の学習では，複数の題材あるいは学校種を越えて何度も繰り返し問われるような課題が入れ子構造になっており，それらを包括するような「本質的な問い」が存在しています。「どのようにして生活をよりよく変えていけばよいのか」は家庭科全体を貫くような包括的な「本質的な問い」と言えます。この包括的な「本質的な問い」は教科全体で育てたいような包括的な「永続的理解」を長期的に身に付けさせていくことにつながりますが，漠然と抽象的なもので終わらないように，題材ごとの具体化された題材の「本質的な問い」を設定するパフォーマンス課題による学習が入れ子状態となって体系化されたカリキュラムを構築することによって，教科の「見方・考え方」を効果的に育てることができると言えます。

　下の図1は，家庭科の食生活の学習を例に知の構造と評価方法の対応をしたものです。

　私たちが目指す学習者の求める「知」は，事実的知識や個別的なスキルの習得にとどまらず，思考力・判断力・表現力等をともないながら転移可能な概念や複雑なプロセスを経

図1　家庭科の食生活の学習における知の構造と評価方法の対応

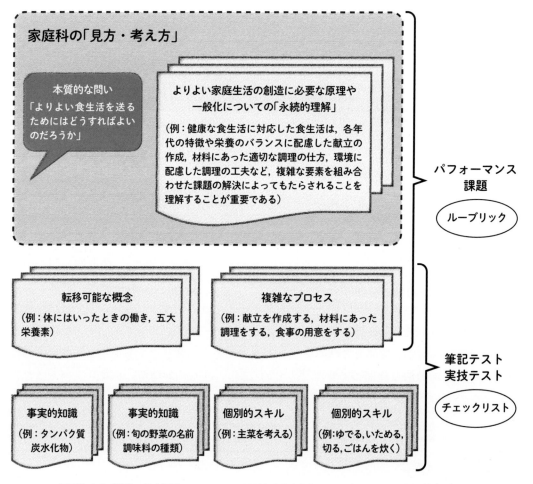

（西岡加名恵『教科と総合学習のカリキュラム設計』図書文化社，2016 年，p.82 をもとに筆者が家庭科版に作成）

て，「本質的な問い」に対応した「永続的理解」として真正の学習を実現することです。要するにパフォーマンス評価でしか見取ることのできないような課題設定による題材計画が必要となるわけです。

　本書では，コンセプトとしてウェルビーイングの向上を目指す現代社会に求められる有意義な学びにするために家庭科で扱う学習内容A〜Cについて，より学習者にとってSDGsとの関わりを意識できるようにしました。学習内容は総合的に扱うことでより真正性を高めた実際の生活課題と直面していきます。指導者が内容を自由に組み合わせたり，発展させたりしてストーリーを描くことによって，パフォーマンス課題による実践的な学習へのアプローチは，より魅力的なものになっていくはずです。

3 パフォーマンス課題を活かした題材計画

（1）パフォーマンス課題に適した題材

　まず，すべての題材でパフォーマンス課題を設定しなくてはならないわけではありません。家庭科の場合は，題材のサイズが小さいものは少なく，課題解決学習の流れで設計するので，パフォーマンス課題との親和性は高いと言えます。子どもに身に付けさせたい重要な概念とは何かを指導者が見極めることが大事です。題材の内容がパフォーマンス課題に適しているかどうかは，「知の構造」と関連付けて考えることによって判断のよりどころとなります。図1にあるような「転移可能な概念」「複雑なプロセス」は，さまざまな文脈で活用できるという点で，より重要な知識とスキルであり，さらにこれらを使いこなすことで「原理や一般化」についての「永続的理解」として学習者に身に付くわけです。学習者は，知識やスキルの意味や役割がわかればそれらを活用し，現実的な状況の中で使いこなして活用しようとするでしょう。ここに働くのが「思考力・判断力・表現力等」です。このように，パフォーマンス課題については，まず「原理や一般化」に焦点を合わせてみましょう。題材のねらいは知識やスキルの定着にあるのか，それともそれらの活用にあるのかを見定めることが，その題材がパフォーマンス課題に適しているかどうかの判断となります。本書のコンセプトであるウェルビーイングの向上を目指す学習は，当然，知識やスキルを活用して，どのように協働的によりよい生活や社会を実現していくかがねらいとなります。パフォーマンス課題による実践的な学習へのアプローチが効力を発揮するかは，ここが肝と言えます。

（2）教材選びのポイント－学習者にとっていかに切実か－

　パフォーマンス課題を活かす教材選びは，2つの道があります。子どもにとっての切実さから迫る道と，学習すべき内容から進む道です。これはのちの題材設計の流れや題材の

中でのパフォーマンス課題を提示するタイミングにも関わってきます。いずれにしても，最も重要なことは，設定した目標を達成するのにその教材が適切であるかどうかを問い続けることです。子どもの切実さだけを重視すると，何を学ぶべきかがあいまいなまま時間だけを費やすことになります。一方，学習すべき内容を重視しすぎると，学習を通して何を身に付けてほしいのかといった学習者像のイメージが抜け落ちてしまいます。いずれにしても学習の目標をしっかり見定めることが重要であるといえます。パフォーマンス課題の開発にしても題材設計のスタートは目標の明確化です。

　まず，学習者にとっての切実性から考えてみます。家庭生活の中から見出す生活課題は様々です。これらをていねいに見ていくと，学問の本質に通じ学習すべき内容も習得できる道が見つかるはずです。ていねいな教材研究が必要です。本書の第3章は，それを助ける手がかりになるはずです。教科書とともに，教材のもつ意味やそれを学ぶ意義をとらえた上で，さらに，本書のコンセプトであるウェルビーイングの向上を目指す学習で育てたい資質・能力の面から教材を解釈してみてください。まさに未来志向のアクティブな学びの視点が得られるのではないかと思います。

　次に，学習すべき内容から考えてみます。誰がどんなときに必要とする知識なのかを考えるとパフォーマンス課題の教材からストーリーが浮かび上がってきます。学習を通して得られた知識や技能は生活の文脈の中で「どのような場面で，どのような立場の人がどのようにして使いこなそうとするだろうか」と考えてみるのです。そういった発想でもう一度教科書を見てみると指導者目線で「教えなければいけないから教える」のではなく，学習者目線で「これを身に付けることでどのように活用しようとするだろう」と見え方がちがってくるはずです。

　このような思考によって，教材選びやパフォーマンス課題の設定に着手します。

　それでは，実際のパフォーマンス課題による題材計画作成の手順と方法について，説明していきます[7]（章末に収録しているテンプレートと同じ流れになっています）。

（3）パフォーマンス課題による題材計画作成の手順と方法

1　学習指導要領等との関連

　学習を組み立てる際に，まず学習者の実態，学習履歴，発達段階等のレディネス[8]を情報としてふまえておくことが大切です。その上で，教科の本質をはずさないように学習指導要領の目標や学習内容を確認し，系統性・体系化を考えて位置付けを明確にしておかな

7　本書では，京都大学教育学部研究科 E.FORUM において開発されたものをもとにした題材計画のテンプレートを提案している。

8　レディネスとは，人が何かを学んだときに，心とからだの機能が行動や知識を習得できるまで発達していることが条件となることから，学ぶ準備が整った状態のことを指す。

ければなりません。また，教科横断的に題材計画を考える場合には，他教科・領域等も視野に入れたカリキュラム設計とも関わってきます。本題材の計画を立てるにあたって，目指すゴールに向かうための現在地を確認する作業といえます。

2　この題材で重視したいこと

この題材を扱うにあたっての児童・生徒の実態は大変重要です。また，教科の本質をはずさずに，どのような知識・技能をどのように活用させて社会で求められている資質・能力を育むかという指導観をしっかりもっておかなくてはなりません。

ここでは，各題材に変革をもたらす3つのコンピテンシーを意識して題材で重視したいことを明らかにします。

●新たな価値を創造する力をイメージしてみよう
●この題材で想定できる対立や矛盾とはどんなことだろう
●この題材で考えられる責任ある行動とはどんなことだろう

学習指導要領でふまえた内容をもう一歩前のめりになって，踏み出す感覚でとらえてみるとよいでしょう。学習者が自分事としてとらえられるような題材の設定が必要です。

3−1　題材目標　観点別評価規準

評価の観点をパフォーマンス課題の手がかりにします。特に「思考力・判断力・表現力等」の観点で目指すところがパフォーマンス課題づくりのヒントになります。身に付けたことをどのように活かすことを考えるのかといった真正性[9]を活かした題材として設定していると思いますので，特にどのように「原理・一般化」をはかって「転移可能な概念」「複雑なプロセス」につながる「思考・判断・表現」する力を必要とするのか，「永続的理解」に導かれるまでに必要な資質・能力をイメージして目標を明確にしていきます。

3−2　重点目標　「本質的な問い」と「永続的理解」

「本質的な問い」が教科の「見方・考え方」を育てることにつながることは，先にも述

9　真正性（Authenicity）は教育分野では，世の中で実際に役立つ能力はペーパーテストではかれるようなものではなく，実際の場面でやらせてみて，そのパフォーマンスでみることができるような能力のことを指す。p.18 参照。

べました。ですから、「本質的な問い」には「見方・考え方」とのつながりが見えているはずです。教科観にもつながるものですから、「本質的な問い」は長期的に継続的に意識しておくべきでしょう。"家庭科での学びを活かしてよりよい生活を作り出すためには、どのようにすればよいのだろう"といった教科を貫く包括的な「本質的な問い」です。その中で、題材ごとの「本質的な問い」が入れ子構造になるわけです。たとえば「家族が喜ぶみそ汁を作るためにはどのように工夫すればよいのだろう」を題材の「本質的な問い」とすると、「家族のことを考えたよりよい食事づくりとはどのように工夫すればよいのだろう」という包括的な「本質的な問い」と題材ごとの「本質的な問い」を往還させながら共に問うことで、題材を越えて繰り返し発揮されるべき能力や題材を全体としてとらえたときに把握させたい内容が明確になります。「本質的な問い」によって「見方・考え方」を教科⇔題材のまとまり⇔題材という次元でとらえることができます。

　また、子どもの探究を促し、さらなる問いを生み出すような内容や領域の重なりによる深い学びと質の高い学習を保障するものになっているかを見直すことが重要です。

　本題材で総合的に活用し得る知識やスキルとして、どのようなものがあげられるのかを整理しておきましょう。永続的理解をあいまいなものにしないためのポイントになります。

4　評価の方法について【パフォーマンス課題】

①パフォーマンス課題の作り方

　パフォーマンス課題のアイデアをさぐってみましょう。教材選びについては先にも学習者にとっての切実性と学習すべき内容に2つの道があると述べていました。

　課題を作る際には、学習内容が転移[10]して用いられる場面や、教科の背景にある学問での探究のあり方を想定してみることにします。家庭科でいえば、家政学という学問の背景です。

　パフォーマンス課題を作るにあたっては、学習者にとって「何をどのように、何のために作るのか、行うのか」といった明確でかつリアルなシナリオが必要です。学習者が納得して状況設定をイメージできるシナリオを考えます。まず、パフォーマンス課題が展開される舞台を設定してみます。設定される舞台は次の3つに分けられます。

●学習者にとって切実性を考慮する

●現代社会で求められる状況を考慮する

●学問の本質を考慮する

10　前に学習したことがその後の学習に影響を及ぼすこと。

単に，子どもにとって切実性があるだけでなく，2つ目の「現代社会で求められる状況」にウェルビーイングの向上というコンセプトがあてはまります。そして，そこに家政学という学問体系に裏付けられた自然科学的・社会科学的な原理が学びを深めるものにしていくのです。

②パフォーマンス課題のシナリオ－ GRASPS －

　パフォーマンス課題の展開をシナリオにしましょう。シナリオにはできるだけ GRASPS と略記される6つの要素を織り込むことが推奨されています。6つの要素を織り込むことによって，学習者は「何をどのようにすればよいか」を明確にとらえ，イメージ豊かにリアルな文脈で生徒は作品を仕上げることができます。GRASPS の要素は次の通りです。

G（Goal）：何（なに）がパフォーマンスの目的か？ ……………… な
R（Role）：学習者が担う役割（やくわり）は何か？ ……………… やン
A（Audience）：誰（だれ）が相手か？ ……………………………… だナ
S（Situation）：想定（そうてい）されている状況は？ ……………… そ
P（Performance）：生（う）み出すべき作品は？ ………………… う
S（Standard）：評価の観点（かんてん）や規準は？ ……………… か

＊本書では，パフォーマンス課題例にこの GRASPS の分析シートを付けてあります。

　いったん描いたシナリオについて次の4点からパフォーマンス課題を再検討します。

＜妥当性＞　　目指していた資質・能力に対応しているか
＜真正性＞　　リアルな課題として実生活と結びついているか
＜レリバンス[11]＞　児童・生徒がやる気になるような挑戦しがいがあるか
＜レディネス＞　ちょうどよい難度か，自分で考える余地があるか

③課題の必然性と動機付け

　最後に子どもたちが思わずチャレンジしたくなるような動機付けが必要です。課題を練ることはもちろん織り込まれた状況を視覚的に有効な手段で示したり，学習者自身の発言を拾いながら共有したりして，全員の参加を促すための伝え方の工夫も必要です。

11　関連性や意義，有意味性のことを指す。学習者にとって現在や将来の生活に関連があり，意味があること。

5 期待される生徒の姿（パフォーマンス課題についてのルーブリック）

①パフォーマンス課題についてのルーブリックの作り方と活かし方

　ルーブリックを用いて評価を行う際に気を付けたいことは，ルーブリックは教師が学習者の作品と対話する中で練り直すことを想定しているものであるということです。複数の学校で実践した作品の具体例をもとに標準化したルーブリックを作成することもあります。

　また，「学習の評価」を目指すのか「学習のための指導に活かす評価」なのかを意識したルーブリックづくりが必要です。

　ルーブリックはパフォーマンス課題のように高次の思考や深い理解を評価するために，単に○×や点数で判断できない新たに考える評価の指標(評価基準表)です。基本的にルーブリックは，成功の度合を数レベル程度で示す「尺度」とそれぞれのレベルに対応するパフォーマンスの特徴を記した「記述語」で作られます。はじめは３段階で作成し，より詳細なレベルのちがいを見取る必要が出てきたときに５段階に変更することもできます。ちなみに，ルーブリックは，「何をどのような観点で評価するか（規準）」を示すとともに，「どの程度できれば合格レベルか（基準）」も示しているために評価基準であると言えます（第４章参照）。

②ルーブリックを用いた評価

　ルーブリックに示した各レベルのパフォーマンスを代表するような作品をアンカー作品[12]として添えておくと，評価指標の具体像を指導者で共有することができます。学習活動を終えた作品からレベルごとの典型的なものを選びます。ルーブリックを用いることで，学習者の思考や理解がどのレベルなのかを適切に評価することができます。また次に目指すべきレベルが具体的にわかることで，指導のポイントも明確になります。

　本書で目指すダイナミックなゴールを目指す学習では，このようにパフォーマンス課題を活かした題材計画とともにルーブリックの活用を推奨します。

6 学習のプロセス（題材計画）

　パフォーマンス課題を活かした授業の特徴は，第一に目的意識をもって学ぶことができることです。ウェルビーイングの向上を目指すという第一義的な目標設定のもとに展開しようとしている家庭科の学習では，教科を貫く「本質的な問い」を指導者と学習者が常に共有しておいてほしいと思います。そのことで，学習者は，現実に学びを活かす状況を用意することで，自ら学ぶ理由を見出して学ぶことができるからです。また，そのような現実的な文脈での学習は単に覚えた知識をあてはめても解決できません。その知識をいかに

12　アンカー作品とは，ルーブリックを作る際に各水準に対応する，実際の学びの姿や作品のこと。

使いこなすかが問われるからです。これが第二の特徴と言えます。

　こういった学習を実現するためには，学習のプロセスを設計することは大変重要です。

　パフォーマンス課題は，題材の全体で取り組むものです。なぜなら，学習の見通しを持ち，学習のやりがいを感じながら学び，学習の結果として身に付いた力を確かめるものでもあるからです。基本的には，課題の提示は題材の最初，課題の解決と総括は題材の最後が適切です。

　次に基本的な学習プロセスのサイクルを見てみましょう。これは，第1章でも示されたラーニング・コンパスに描かれた学習プロセスと家庭科の課題解決学習のモデルを合わせたものです。ほとんど考え方は同じです。ここにパフォーマンス課題の提示と課題の解決と総括を入れて題材計画の基本型ができあがります（学習者のレディネスや学習内容やパフォーマンス課題のシナリオによって柔軟性をもたせる場合もあります）。

```
＜課題設定＞      見通し  Anticipation ←──────┐
    ↓   学習者を引きつける                      │
＜実践＞        行動 Action                      │
    ↓   学習者が力をつける          が繰り返される│
＜評価・改善＞   振り返り Reflection              │
    ↓   個が自己評価してやり直す                 │
＜新たな課題設定＞ ───────────────────────┘
```

　いったん，題材を設計したらもう一度以下の点から課題の検討を加えてみます。

●習得した知識・スキルが生活の中で活かせそうか（真正性が保たれているか）
●現実の生活と相互関連できそうか
●条件が変わっても臨機応変に応用できそうか（状況に応じて変わりうる柔軟性はあるか）
●課題の中心に学習者の主体性があるか（プロセスに関与する当事者意識をもつのは誰か）

　もちろん，学習が始まって，毎時間の学習者の見取りや評価を通して反応を見て，計画

を見直すことも想定しながら，まずは基本となる題材計画を立ててみます（第4章の事例の題材計画を参考にしてみてください）。

4 パフォーマンス評価とカリキュラム・マネジメント

　パフォーマンス課題を活かした題材を設計することは，実は「本質的な問い」を明確化することです。それによって，その題材で何を重点的に，そしてその教科で育てるべき力や内容は何かが自ずと問い直されていきます。さらにこのことによって，教科の本質を外さないでカリキュラムを編成・改善していくことができるはずです。複数の題材にわたっての包括的な「本質的な問い」もカリキュラム改善に役立つはずです。教科を貫く包括的な「本質的な問い」にウェルビーイングの向上を目指す「本質的な問い」を重ねてみることで，より深い理解を実現し，一歩前へ踏み出す実践力へとつながるはずです。そして，最終的に目指したい姿から各題材で何をどのように扱い，どのように学んでおくことを目標にするのが的確なのか，各題材をどう結び付ければよいのか，どのような学習経験を積めばよいのかを再検討することになります。

　こうしたことは，学校内での他教科との連携や協働，そして隣接する校種間連携を含めて体系化をはかっていくことによって，確実に学習成果をあげていくことができるはずです。その意味でも，パフォーマンス課題を活かした題材による授業実践を開発し，多くの学校で共有されるようになることが指導者にとっても学習者にとっても見通しが立ちやすく魅力的な授業になっていくことにつながるでしょう。

（1）年間指導計画・学力評価計画の改善

　パフォーマンス課題を活かした題材による学習は長期的な視点をもって組み立てます。
　このことは，学力評価計画の改善にもつながります。年間を通しての学習評価は，各題材の各観点別の学習状況を総括的に行います。次に題材における評価計画はどのように立てるかを考えなくてはなりません。パフォーマンス課題を用いる題材とそうでない題材をともに見極めます。また，知識の量やスキルの習得を見るための客観テスト，思考力・判断力・表現力を見るレポートや作品を通したパフォーマンス評価，主体的に学習に向かう態度を見取るワークシートや振り返りの成果物などを組み合わせて，評価場面と評価方法を目標にそって見通しをもって計画しておくことが重要です。

（2）ルーブリック作成とカリキュラム改善

　ルーブリックを用いたパフォーマンス評価においては，題材の出口で，知的態度，思考の習慣，科学的根拠に基づく価値観等を学習の結果として評価します。子どもの中に生じ

る価値ある変化です。特に本書のコンセプトとするウェルビーイングの向上を目指す学習では、パフォーマンス評価が有効です。その目的・性質に照らしても、育てようとする科学的態度や批判的態度こそ、複数の評価の観点を一体的に評価対象として見取るべきといえるからです。こういったことを見据えて、ルーブリックの作成を複数の教員で、できることなら組織的に行うことがカリキュラムの改善につながることでしょう（図2）。

　次の第3章では、家庭科の内容をどのように題材化し、学習者の実態に合わせてパフォーマンス課題を設定すればよいのか、具体的にみていくことにしましょう。そしてさらに第4章では、具体的な題材計画の事例をみながらイメージしてみてください。

図2　ルーブリックづくりの手順

1．できるだけ多数で多様な子どものパフォーマンスの実例を集める

1．できるだけ多数で多様な子どものパフォーマンスの実例を集める
2．子どもの作品を数レベル（優れている、十分である、不十分など）で分類し、それぞれの作品の特徴を書き出す
3．作品をみるときの観点を分ける必要がある場合には、いくつかの観点を設ける
4．それぞれの観点の説明・記述語を書く
5．それぞれの観点の各レベルを示す子どものパフォーマンスの事例（アンカー作品）を選ぶ
6．繰り返しルーブリックを洗練する

（G. ウィギンズ／J. マクタイ，西岡加名恵訳『理解をもたらすカリキュラム設計―「逆向き設計」の理論と方法』日本標準，2012年，pp.215-216をもとに簡略化・加筆修正をして徳島祐彌が作成）

パフォーマンス課題を活かした題材計画例　題材計画書テンプレート解説

（題材タイトル）

教科・科目名		学校名	
対象学年		授業者名	
題材名			
実施時期		時間	

1　学習指導要領の関連内容

2　この題材で重視したいこと（児童・生徒の実態，教科の本質，私たちの未来を作り上げていくために必要な力とは？）

- ●新たな価値を創造する力をイメージしてみよう
- ●この題材で想定できる対立や矛盾とはどんなことだろう？
- ●この題材で考えられる責任ある行動とはどんなことだろう？

3－1　題材目標

観点別評価規準

（主体的に学習に取り組む態度）	（思考・判断・表現）	（知識・技能）

3－2【重点目標】（「見方・考え方」）※観点・レベルの数については，変更可。

「本質的な問い」	【知識・技能】
焦点化されているか （内容や領域の重なりによる深い学びと質の高い学習の保障）	活用するための知識・技能はどのようなものがあるのか 他への応用転移ができるか
「永続的理解」	
真正性があるか （目的意識，学問分野を超えた学習や協働的な学習） 一貫性があるか	

4　評価方法	
【パフォーマンス課題】	【その他の評価方法】

・意欲喚起できるものか
・挑戦しがいがあるか
・省察を可能にするか
・選択したり自ら考えたりする　余地があるか

5　期待される生徒の姿 （パフォーマンス課題についてのルーブリック）

レベル	観点A	観点B
3		
2		
1		

6　学習のプロセス （題材計画）

Student Agency を
重視した学習プロセス
AAR サイクル

＜課題設定＞

見通し Anticipation

↓

＜実践＞

行動 Action

↓

＜評価・改善＞

振り返り Reflection

プロセスをデザインするときの留意点

●**真正性**が保たれているか
●実生活と**相互関連**する機会はあるか
●状況に応じて変わりうる**柔軟性**はあるか
●プロセスに関与する**当事者意識**をもつのは誰か

SDGs の 17 の目標のうち，題材と関連するものをあげておく

＊このテンプレートは，京都大学大学院教育学研究科 E.FORUM にて開発されたものを元にしています。奥村好美・西岡加名恵編著『「逆向き設計」実践ガイドブック』日本標準，2020 年　巻末資料①

ヒト・コト・モノの向こう側に思いを
〜消費者市民としての責任と自覚〜

　私たちの生活を取り巻く事象には，どんなものにも，その事柄の向こう側で起こっていることや，その成り立ちや，そこに関わる人の存在があります。自分の生活を創造するためには，その背景を知ったり，思いを馳せたりすることが一つの手がかりになるのではないでしょうか。

　たとえば，みなさんが好きなハンバーガーの材料は，どんなところでどんなものが作られていて，どうやって運ばれてきて，どのようにしてみなさんの口にたどり着くのでしょうか？

　バンズの小麦粉，パテの肉，チーズ，野菜，それぞれどんなところからどれくらいの距離や時間をかけて運ばれてくるのでしょうか？　それぞれの産地から自分の消費する場所までの距離（キロメートル）を算出し，運ばれるものの重量（トン）と掛け合わせてその輸送に使われたエネルギーを数値（トン・キロメートル）であらわすフードマイレージという概念があります。一方，自分でハンバーガーを作るために，一番近い産地のものを使って作るとしたらフードマイレージはどのくらいの数値になるかを「地産地消」という概念で計算して比較させてみます。わかりやすくするために，輸送する距離を地球儀にテープを当てて，プリントの上に置き直してみて実感させてみます。こういったことをすでに教材化している取り組みもあります。

　簡単においしいものが手に入るファストフードは人気を博しましたが，今ではそれぞれ持続可能な社会の実現を視野に入れて工夫し始めています。ハンバーガーショップで，食べたあとの包み紙やカップなどのゴミの量も気になりだします。カフェでは，ストローの素材などにも配慮して，プラスチック製のものから自然素材に変えていく動きも出てきています。

　大量生産，大量消費，大量廃棄している先進国もあれば，地球のどこかでは食糧問題，飢餓に苦しむ人々の問題も生じています。私たちの暮らしは，選択肢は多様にあります。何をいつのように消費するのか，消費せずに家にあるものを上手に使って工夫して作るのか，ライフスタイルに応じて，常に条件を考えて「最適解」を出していくことが求められます。また，自分の安全・健康・快適さも大事ですが，そのことだけを考えるのではなく，社会のこと他者のことにも思いを馳せて，持続可能な社会の実現のためにも判断して意思決定していかなくてはなりません。

　一人ひとりが自らの暮らしをよくみつめ，その向こう側にある事柄について，正しく知り，考え判断し実行することが，消費市民社会の形成につながるということなのです。次世代に向けて何を通して消費者市民としての責任と自覚を促すことができるのか，アンテナを張り巡らせておきたいものです。

（協力：特定非営利法人 気候ネットワーク）

<実践編>

第3章

パフォーマンス課題で
実現する家庭科の授業

　指導の実際につなげるためには，学習内容を体系化しておかなくてはなりません。授業を何度も繰り返しながら，内容を発展させてより深く考え行動を広げていくために必要だからです。私たちが目指すウェルビーイングの実現に到達するために，学習内容にそった求められる具体の姿やSDGsの関連も視野に入れて，実践的な学習へのアプローチのポイントとなるパフォーマンス課題の作り方について解説します。

　課題設定には学習者の発達段階や準備状況の把握が必要です。学習者の実態に応じて小・中・高等学校で柔軟的に扱えるように，本章ではSTEP 1～3という段階で課題例を提示してみました。

1 家族・家庭生活を中心にした例

ウェルビーイングの向上を目指すために

　私たちがよりよく生きるためにはまず自分自身や家族のことをよく理解し合い，日常的にコミュニケーションをはかることによって，健全な家庭生活を営むことから始まります。児童・生徒は，自ずと日常から家族のことをよく理解したり，家庭において果たすべき自分の役割や責任を自覚したり，地域とのコミュニケーションの重要性に気付いたりしているにちがいありません。人生をよりよく生きるためには，ライフステージに応じて予測される生活課題を解決するために必要な知識やスキルを使いこなせるような柔軟性や創造性を身に付けておく必要があります。ここでは本質的な問いに迫るために，Ａ家族・家庭生活の内容と既習のＢ・Ｃの内容についても関連させて課題解決をはかるプロセスを重要視しましょう。STEP１～３については身近な家庭生活の問題から視野を広げて地域社会や生涯を通しての課題に向き合えるように設定しています。そのためには，以下のようなコンピテンシーを育てることを意識しておきます。

・家族や家庭・地域のことをよく理解し，互いのよさを引き出そうとする機会を創り出そうとする力
・自分の考えと他者の考えがうまくかみあわなかったときに，他者をより理解して協働して解決しようとする力
・自分の役割を自覚し，多様な人々と共に「自分に何ができるのか」を考えて行動にうつす力

SDGs との関わり

持続可能な社会の構築の視点からいうと，家族や家庭・地域の中ですべての人は公平に扱われ，健康と福祉を保障された生活を送る権利があることを考えておかなくてはなりません。普段の生活の中で，基本的人権が守られているか，そのためにどのようなアクションを起こす必要があるのかを考えることが重要です。

おもに関わる目標とターゲット
3　すべての人に健康と福祉を　　　　　8　働きがいも経済成長も
4　質の高い教育をみんなに　　　　　10　人や国の不平等をなくそう
5　ジェンダー平等を実現しよう　　　16　平和と公正を全ての人に

学習指導要領の内容との関連

<小学校家庭科> A　家族・家庭生活

・自分の成長を自覚し，家庭生活と家族の大切さや家庭生活が家族の協力によって営まれていることに気付くこと。
・家庭には，家庭生活を支える仕事があり，互いに協力し分担する必要があることや生活時間の有効な使い方について理解し，考えて工夫すること。
・家族との触れ合いや団らんの大切さについて理解し，考えて工夫すること。
・家庭生活は地域の人々との関わりで成り立っていることが分かり，地域の人々との協力が大切であることを理解し，考えて工夫すること。

3.7 3.d

4.1　4.3
4.4　4.5
4.a

<中学校技術・家庭（家庭分野）> A　家族・家庭生活

・自分の成長と家族や家庭生活との関わりが分かり，家族・家庭の基本的な機能について理解するとともに，家族や地域の人々と協力・協働して家庭生活を営む必要があることに気付くこと。
・幼児の発達と生活の特徴が分かり，子供が育つ環境としての家族の役割について理解すること。
・幼児にとっての遊びの意義や幼児との関わり方について理解し，考えて工夫すること。
・家族の互いの立場や役割が分かり，協力することによって家族関係をよりよくできることについて理解し考えて工夫すること。
・家庭生活は地域との相互の関わりで成り立っていることが分かり，高齢者など地域の人々と協働する必要があることや介護など高齢者との関わり方について理解し，考えて工夫すること。
・家族関係をよりよくする方法及び高齢者など地域の人々と関わり，協働する方法について考え，工夫すること。

5.1　5.4
5.5　5.c

8.3　8.4
8.5

<高等学校家庭基礎> A　人の一生と家族・家庭及び福祉

・人の一生について，自己と他者，社会との関わりから様々な生き方があることを理解するとともに，自立した生活を営むために必要な情報の収集・整理を行い，生涯を見通して，生活課題に対応し意思決定をしていくことの重要性について理解を深めること。
・生涯を見通した自己の生活について主体的に考え，ライフスタイルと将来の家庭生活及び職業生活について考察し，生活設計を工夫すること。
・生涯発達の視点で青年期の課題を理解するとともに，家族・家庭の機能と家族関係，家族・家庭生活を取り巻く社会環境の変化や課題，家族・家庭と社会との関わりについて理解を深めること。
・家庭や地域のよりよい生活を創造するために，自己の意思決定に基づき，責任をもって行動することや，男女が協力して，家族の一員としての役割を果たし家庭を築くことの重要性について考察すること。
・乳幼児期の心身の発達と生活，親の役割と保育，子供を取り巻く社会環境，子育て支援について理解するとともに，乳幼児と適切に関わるための基礎的な技能を身に付けること。
・子供を生み育てることの意義について考えるとともに，子供の健やかな発達のために親や家族及び地域や社会の果たす役割の重要性について考察すること。
・高齢期の心身の特徴，高齢者を取り巻く社会環境，高齢者の尊厳と自立生活の支援や介護について理解するとともに，生活支援に関する基礎的な技能を身に付けること。
・高齢者の自立生活を支えるために，家族や地域及び社会の果たす役割の重要性について考察すること。
・生涯を通して家族・家庭の生活を支える福祉や社会的支援について理解すること。
・家庭や地域及び社会の一員としての自覚をもって共に支え合って生活することの重要性について考察すること。

10.2
10.3

16.2
16.6
16.b

STEP 1

本質的な問い	家族のことをよく理解し合い，気持ちよく協力し合うためには，どのようなことが必要なのだろうか。
永続的理解	家族のことをよく理解し合い，気持ちよく協力し合うためには，日常から出来事や思いを共有するコミュニケーションをはかったり，家族を思いやって生活したりすることが重要である。
パフォーマンス課題	**あなたの家族団らんプラン集を提案しよう** クラスのみんながどんな家族団らんの時間を持ちたいか話し合ってみましょう。家族の構成やテーマによって，どのようなアイデアでどんな団らんができるかできるだけ多く集めてプラン集を作って提案してください。

GRASPS でグレードアップ！
（パフォーマンス課題を分析したり，補ったりしてよりよい課題にしてみましょう）

Goal　何が目的（Goal）か？ _____　Situation　想定されている状況は？ _____

Role　（学習者が担う）役割は？ _____　Performance　生み出すべき作品は？ _____

Audience　誰が相手か？ _____　Standard　（評価の）観点は？ _____

STEP 2

本質的な問い	地域と共に異年齢の人たちと暮らしを豊かにしていくためには，どうすればよいのだろうか。
永続的理解	地域と共に異年齢の人たちと暮らしを豊かにしていくためには，地域が抱えている身近な生活の問題を把握し，自分たちが地域の一員としてできることとして協力して計画したり，いろいろな人の立場に立って考えることが重要である。
パフォーマンス課題	**地域のみんなが楽しんで参加できるイベントを企画しよう** これまで家庭科で学習したことを活かして地域のみんなが楽しんでできるイベントの企画書を作ってみましょう。またお互いの企画書を持ち寄って，コンペを行います。

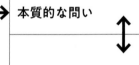

GRASPS でグレードアップ！
（パフォーマンス課題を分析したり，補ったりしてよりよい課題にしてみましょう）

Goal　何が目的（Goal）か？ _____　Situation　想定されている状況は？ _____

Role　（学習者が担う）役割は？ _____　Performance　生み出すべき作品は？ _____

Audience　誰が相手か？ _____　Standard　（評価の）観点は？ _____

STEP 3

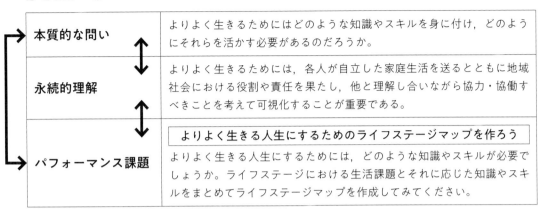

本質的な問い	↕	よりよく生きるためにはどのような知識やスキルを身に付け，どのようにそれらを活かす必要があるのだろうか。
永続的理解	↕	よりよく生きるためには，各人が自立した家庭生活を送るとともに地域社会における役割や責任を果たし，他と理解し合いながら協力・協働すべきことを考えて可視化することが重要である。
パフォーマンス課題	↕	**よりよく生きる人生にするためのライフステージマップを作ろう** よりよく生きる人生にするためには，どのような知識やスキルが必要でしょうか。ライフステージにおける生活課題とそれに応じた知識やスキルをまとめてライフステージマップを作成してみてください。

GRASPS でグレードアップ！
（パフォーマンス課題を分析したり，補ったりしてよりよい課題にしてみましょう）

Goal　何が目的（Goal）か？　　　　　Situation　想定されている状況は？

Role　（学習者が担う）役割は？　　　Performance　生み出すべき作品は？

Audience　誰が相手か？　　　　　　Standard　（評価の）観点は？

Let's TRY　パフォーマンス課題を作ってみよう

本質的な問い	↕	
永続的理解	↕	
パフォーマンス課題	↕	

GRASPS でグレードアップ！
（パフォーマンス課題を分析したり，補ったりしてよりよい課題にしてみましょう）

Goal　何が目的（Goal）か？　　　　　Situation　想定されている状況は？

Role　（学習者が担う）役割は？　　　Performance　生み出すべき作品は？

Audience　誰が相手か？　　　　　　Standard　（評価の）観点は？

2 食生活を中心にした例

ウェルビーイングの向上を目指すために

　人がよりよく生きるためには健康で安全な食生活を支える必要があります。食に関する生活課題の想定をする中で，児童・生徒は，日常から自分や家族の食の課題についてよく理解し，日常生活において実践的に課題解決しながら，家庭において果たすべき自分の役割や責任に気付くでしょう。また食文化の担い手として地域の伝統や特色に気付くことも重要です。ここでは本質的な問いに迫るために，B衣食住の生活の内容と既習のA・B（衣生活・住生活）・Cの内容についても関連させて課題解決をはかるプロセスを重要視しましょう。STEP 1～3については身近な生活の問題から視野を広げて生涯を通しての課題に向き合えるように設定しています。そのためには，以下のようなコンピテンシーを育てることを意識しておきます。

- ・自分や自分を取り巻く家庭・地域において食生活の現状をふまえ，健康で豊かな食生活を創造するとはどういうことかを考えようとする力
- ・さまざまな要素を組み合わせて，食選力や食に関するコーディネートを考えることができる力
- ・自分の食生活を振り返り，よりよい食生活とは何かを考えて工夫したり改善したりすべきことを考えて実践・行動にうつす力

SDGs との関わり

持続可能な社会の構築の視点からいうと，人の食行動は個人の健康のみならず，自然環境の問題や，世界の飢餓の問題も含めて，自分の生活を取り巻く社会の現状をよく理解し，食行動に責任をもつ必要があることに気付くことが重要です。

おもに関わる目標とターゲット

1　貧困をなくそう	10　人や国の不平等をなくそう
2　飢餓をゼロに	12　つくる責任　つかう責任
3　すべての人に健康と福祉を	14　海の豊かさを守ろう
8　働きがいも経済成長も	15　陸の豊かさも守ろう

学習指導要領の内容との関連

＜小学校家庭科＞B　衣食住の生活（食生活）

・食事の役割が分かり，日常の食事の大切さと食事の仕方について理解すること。
・楽しく食べるために日常の食事の仕方を考え，工夫すること。
・調理に必要な材料の分量や手順が分かり，調理計画について理解すること。
・調理に必要な用具や食器の安全で衛生的な取扱い及び加熱用調理器具の安全な取扱いについて理解し，適切に使用できること。
・材料に応じた洗い方，調理に適した切り方，味の付け方，盛り付け，配膳及び後片付けを理解し，適切にできること。
・材料に適したゆで方，いため方を理解し，適切にできること。
・伝統的な日常食である米飯及びみそ汁の調理の仕方を理解し，適切にできること。
・おいしく食べるために調理計画を考え，調理の仕方を工夫すること。
・体に必要な栄養素の種類と主な働きについて理解すること。
・食品の栄養的な特徴が分かり，料理や食品を組み合わせてとる必要があることを理解すること。
・献立を構成する要素が分かり，1食分の献立作成の方法について理解すること。
・1食分の献立について栄養のバランスを考え，工夫すること。

1.2　1.3

2.1　2.2
2.5　2.c

3.7　3.d

＜中学校技術・家庭（家庭分野）＞B　衣食住の生活（食生活）

・生活の中で食事が果たす役割について理解すること。
・中学生に必要な栄養の特徴が分かり，健康によい食習慣について理解すること。
・健康によい食習慣について考え，工夫すること。
・栄養素の種類と働きが分かり，食品の栄養的な特質について理解すること。
・中学生の1日に必要な食品の種類と概量が分かり，1日分の献立作成の方法について理解すること。
・中学生の1日分の献立について考え，工夫すること。
・日常生活と関連付け，用途に応じた食品の選択について理解し，適切にできること。
・食品や調理用具等の安全と衛生に留意した管理について理解し，適切にできること。
・材料に適した加熱調理の仕方について理解し，基礎的な日常食の調理が適切にできること。
・地域の食文化について理解し，地域の食材を用いた和食の調理が適切にできること。

8.3

10.2　10.3

12.1　12.2
12.3　12.8

＜高等学校家庭基礎＞B　衣食住の生活の自立と設計（食生活と健康）

・ライフステージに応じた栄養の特徴や食品の栄養的特質，健康や環境に配慮した食生活について理解し，自己や家族の食生活の計画・管理に必要な技能を身に付けること。
・おいしさの構成要素や食品の調理上の性質，食品衛生について理解し，目的に応じた調理に必要な技能を身に付けること。
・食の安全や食品の調理上の性質，食文化の継承を考慮した献立作成や調理計画，健康や環境に配慮した食生活について考察し，自己や家族の食事を工夫すること。

14.2　14.4
14.6　14.c

15.1　15.7
15.9

STEP 1

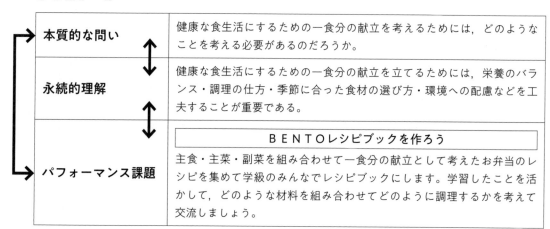

本質的な問い	↕	健康な食生活にするための一食分の献立を考えるためには，どのようなことを考える必要があるのだろうか。
永続的理解	↕	健康な食生活にするための一食分の献立を立てるためには，栄養のバランス・調理の仕方・季節に合った食材の選び方・環境への配慮などを工夫することが重要である。
パフォーマンス課題	↕	**ＢＥＮＴＯレシピブックを作ろう** 主食・主菜・副菜を組み合わせて一食分の献立として考えたお弁当のレシピを集めて学級のみんなでレシピブックにします。学習したことを活かして，どのような材料を組み合わせてどのように調理するかを考えて交流しましょう。

GRASPS でグレードアップ！
（パフォーマンス課題を分析したり，補ったりしてよりよい課題にしてみましょう）

Goal	何が目的（Goal）か？	Situation	想定されている状況は？
Role	（学習者が担う）役割は？	Performance	生み出すべき作品は？
Audience	誰が相手か？	Standard	（評価の）観点は？

STEP 2

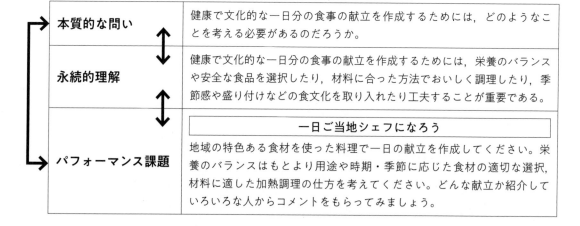

本質的な問い	↕	健康で文化的な一日分の食事の献立を作成するためには，どのようなことを考える必要があるのだろうか。
永続的理解	↕	健康で文化的な一日分の食事の献立を作成するためには，栄養のバランスや安全な食品を選択したり，材料に合った方法でおいしく調理したり，季節感や盛り付けなどの食文化を取り入れたり工夫することが重要である。
パフォーマンス課題	↕	**一日ご当地シェフになろう** 地域の特色ある食材を使った料理で一日の献立を作成してください。栄養のバランスはもとより用途や時期・季節に応じた食材の適切な選択，材料に適した加熱調理の仕方を考えてください。どんな献立か紹介していろいろな人からコメントをもらってみましょう。

GRASPS でグレードアップ！
（パフォーマンス課題を分析したり，補ったりしてよりよい課題にしてみましょう）

Goal	何が目的（Goal）か？	Situation	想定されている状況は？
Role	（学習者が担う）役割は？	Performance	生み出すべき作品は？
Audience	誰が相手か？	Standard	（評価の）観点は？

STEP 3

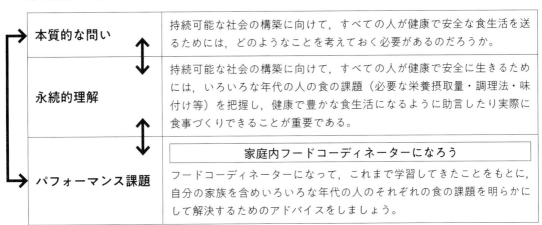

本質的な問い	↕	持続可能な社会の構築に向けて，すべての人が健康で安全な食生活を送るためには，どのようなことを考えておく必要があるのだろうか。
永続的理解	↕	持続可能な社会の構築に向けて，すべての人が健康で安全に生きるためには，いろいろな年代の人の食の課題（必要な栄養摂取量・調理法・味付け等）を把握し，健康で豊かな食生活になるように助言したり実際に食事づくりできることが重要である。
パフォーマンス課題	↕	家庭内フードコーディネーターになろう フードコーディネーターになって，これまで学習してきたことをもとに，自分の家族を含めいろいろな年代の人のそれぞれの食の課題を明らかにして解決するためのアドバイスをしましょう。

GRASPS でグレードアップ！
（パフォーマンス課題を分析したり，補ったりしてよりよい課題にしてみましょう）

Goal　何が目的（Goal）か？	Situation　想定されている状況は？
Role　（学習者が担う）役割は？	Performance　生み出すべき作品は？
Audience　誰が相手か？	Standard　（評価の）観点は？

Let's TRY　パフォーマンス課題を作ってみよう

本質的な問い	↕	
永続的理解	↕	
パフォーマンス課題	↕	

GRASPS でグレードアップ！
（パフォーマンス課題を分析したり，補ったりしてよりよい課題にしてみましょう）

Goal　何が目的（Goal）か？	Situation　想定されている状況は？
Role　（学習者が担う）役割は？	Performance　生み出すべき作品は？
Audience　誰が相手か？	Standard　（評価の）観点は？

3 衣生活を中心にした例

ウェルビーイングの向上を目指すために

　人がよりよく生きるためには健康で快適な衣生活を支える必要があります。衣生活に関する生活課題の想定をする中で，児童・生徒は，日常から自分や家族の衣生活の様子についてよく理解し，日常生活において実践的に課題解決しながら，家庭において果たすべき自分の役割や責任に気付くでしょう。また持続可能な社会の実現につながる日本の伝統的な衣文化のよさ（季節に合った素材選び・染め直し，仕立て直しやリメイクの知恵や工夫・たたみ方の文化等）を継承の担い手としてそのよさに気付き生活の中に活かしていくことも重要です。ここでは本質的な問いに迫るために，B衣食住の生活の内容と既習のA・B（食生活・住生活）・Cの内容についても関連させて課題解決をはかるプロセスを重要視しましょう。STEP 1～3については身近な生活の問題から視野を広げて生涯を通しての課題に向き合えるように設定しています。そのためには，以下のようなコンピテンシーを育てることを意識しておきます。

> ・自分や自分を取り巻く家庭・地域において衣生活の現状をふまえ，健康で豊かな衣生活を創造するとはどういうことかを考えようとする力
> ・さまざまな要素を組み合わせて，衣服を選択したり管理したりすることを考えることができる力
> ・自分の衣生活を振り返り，よりよい衣生活とは何かを考えて工夫したり改善したりすべきことを考えて実践・行動にうつす力

SDGs との関わり

> 持続可能な社会の構築の視点からいうと，人の衣生活は個人の志向のみならず，自然環境の問題や，世界の気候変動の問題も含めて，自分の生活を取り巻く社会の現状をよく理解し，衣生活の仕方に責任をもつ必要があることに気付くことが重要です。
>
> **おもに関わる目標とターゲット**
> 3　すべての人に健康と福祉を　　　　　13　気候変動に具体的な対策を
> 5　ジェンダー平等を実現しよう　　　　17　パートナーシップで目標を達成しよう
> 12　つくる責任　つかう責任
>
>

学習指導要領の内容との関連

＜小学校家庭科＞B　衣食住の生活（衣生活）

・衣服の主な働きが分かり，季節や状況に応じた日常着の快適な着方について理解すること。
・日常着の手入れが必要であることや，ボタンの付け方及び洗濯の仕方を理解し，適切にできること。
・日常着の快適な着方や手入れの仕方を考え，工夫すること。
・生活を豊かにするための布を用いた製作を通して，製作に必要な材料や手順が分かり，製作計画について理解すること。
・手縫いやミシン縫いによる目的に応じた縫い方及び用具の安全な取扱いについて理解し，適切にできること。
・生活を豊かにするために布を用いた物の製作計画を考え，製作を工夫すること。

3.9　3.c
3.d

＜中学校技術・家庭（家庭分野）＞B　衣食住の生活（衣生活）

・衣服と社会生活との関わりが分かり，目的に応じた着用，個性を生かす着用及び衣服の適切な選択について理解すること。
・衣服の計画的な活用の必要性，衣服の材料や状態に応じた日常着の手入れについて理解し，適切にできること。
・衣服の選択，材料や状態に応じた日常着の手入れの仕方を考え，工夫すること。
・生活を豊かにするための布を用いた製作を通して，製作する物に適した材料や縫い方について理解し，用具を安全に取り扱い，製作が適切にできること。
・資源や環境に配慮し，生活を豊かにするために布を用いた物の製作計画を考え，製作を工夫すること。

12.1
12.2
12.4
12.9

13.1
13.3

＜高等学校家庭基礎＞B　衣食住の生活の自立と設計（衣生活と健康）

・ライフステージや目的に応じた被服の機能と着装について理解し，健康で快適な衣生活に必要な情報の収集・整理ができること。
・被服材料，被服構成及び被服衛生について理解し，被服の計画・管理に必要な技能を身に付けること。
・被服の機能性や快適性について考察し，安全で健康や環境に配慮した被服の管理や目的に応じた着装を工夫すること。

5.1

17.6
17.11
17.17

STEP 1

本質的な問い	↕	快適な衣生活を送るためには，日常着をどのように手入れしたり管理したりする必要があるのだろうか。
永続的理解	↕	快適な衣生活を送るためには，日常着を清潔に正しく手入れをするとともに，体の大きさや気候に合わせて管理できるようになることが重要である。
パフォーマンス課題	↕	**体操服の手入れの仕方を下級生に教えよう** 下級生に体操服の手入れや管理の仕方を教えてあげることにします。正しい手入れ・管理の仕方や適切な選び方，小さくなった体操服をどうするかなどについてわかりやすく教えてあげましょう。質問があったら受け付けてください。

GRASPS でグレードアップ！
（パフォーマンス課題を分析したり，補ったりしてよりよい課題にしてみましょう）

Goal	何が目的（Goal）か？	
Role	（学習者が担う）役割は？	
Audience	誰が相手か？	

Situation	想定されている状況は？	
Performance	生み出すべき作品は？	
Standard	（評価の）観点は？	

STEP 2

本質的な問い	↕	自分の衣生活をよりよいものにするためには，どのようなことを考えておく必要があるのだろうか。
永続的理解	↕	自分の衣生活をよりよいものにするためには，いつも清潔で着やすい衣服の管理をしたり，整理収納や消費の観点から衣服の整理計画や購入計画を立てたりすることが重要である。
パフォーマンス課題	↕	**わたしの衣服のワードローブマップを作ろう** 自分の持っている衣服を種類ごとにリストアップしてみます。管理しやすいように，どこにどのようにしまうか考えたり，新しく購入するときに気を付けたりすることを考えて衣服の整理計画や購入計画をマッピングしてみましょう。家族や友達からのアドバイスももらいましょう。

GRASPS でグレードアップ！
（パフォーマンス課題を分析したり，補ったりしてよりよい課題にしてみましょう）

Goal	何が目的（Goal）か？	
Role	（学習者が担う）役割は？	
Audience	誰が相手か？	

Situation	想定されている状況は？	
Performance	生み出すべき作品は？	
Standard	（評価の）観点は？	

STEP 3

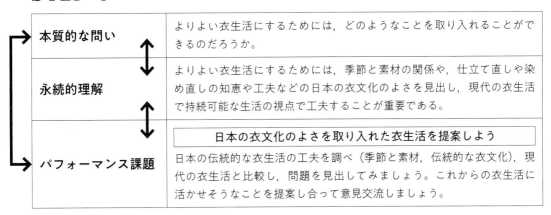

本質的な問い	よりよい衣生活にするためには，どのようなことを取り入れることができるのだろうか。
永続的理解	よりよい衣生活にするためには，季節と素材の関係や，仕立て直しや染め直しの知恵や工夫などの日本の衣文化のよさを見出し，現代の衣生活で持続可能な生活の視点で工夫することが重要である。
パフォーマンス課題	日本の衣文化のよさを取り入れた衣生活を提案しよう 日本の伝統的な衣生活の工夫を調べ（季節と素材，伝統的な衣文化），現代の衣生活と比較し，問題を見出してみましょう。これからの衣生活に活かせそうなことを提案し合って意見交流しましょう。

GRASPS でグレードアップ！
（パフォーマンス課題を分析したり，補ったりしてよりよい課題にしてみましょう）

Goal　　　何が目的（Goal）か？　　　　　　　Situation　　想定されている状況は？

Role　　　（学習者が担う）役割は？　　　　　Performance　生み出すべき作品は？

Audience　誰が相手か？　　　　　　　　　　　Standard　　（評価の）観点は？

Let's TRY　パフォーマンス課題を作ってみよう

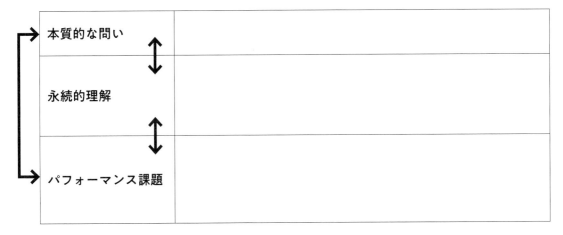

本質的な問い	
永続的理解	
パフォーマンス課題	

GRASPS でグレードアップ！
（パフォーマンス課題を分析したり，補ったりしてよりよい課題にしてみましょう）

Goal　　　何が目的（Goal）か？　　　　　　　Situation　　想定されている状況は？

Role　　　（学習者が担う）役割は？　　　　　Performance　生み出すべき作品は？

Audience　誰が相手か？　　　　　　　　　　　Standard　　（評価の）観点は？

4 住生活を中心にした例

ウェルビーイングの向上を目指すために

　人がよりよく生きるためには快適で安全な住生活を支える必要があります。住生活に関する生活課題の想定をする中で，児童・生徒は，日常から自分や家族の住生活の様子についてよく理解し，日常生活において実践的に課題解決しながら，家庭において果たすべき自分の役割や責任に気付くでしょう。また持続可能な社会の実現につながる日本の伝統的な住文化のよさ（季節に合った住まい方・住まいの構造と機能・暮らし方の工夫）を継承の担い手としてそのよさに気付き，生活の中に活かしていくことも重要です。ここでは本質的な問いに迫るために，Ｂ住生活の内容と既習のＡ・Ｂ（食生活・衣生活）・Ｃの内容についても関連させて課題解決をはかるプロセスを重要視しましょう。STEP１～３については身近な生活の問題から視野を広げて社会全体の課題に向き合えるように設定しています。そのためには，以下のようなコンピテンシーを考えることを意識しておきます。

・自分や自分を取り巻く家庭・地域において住生活の現状をふまえ，健康で豊かな住生活や町を創造するとはどういうことかを考えようとする力
・さまざまな要素を組み合わせて，住まいを選択したり管理したりすることや住生活やまちづくりについて考えることができる力
・自分の住生活を振り返り，よりよい住生活やまちづくりとは何かを考えて工夫したり改善したりすべきことを考えて実践・行動にうつす力

SDGs との関わり

持続可能な社会の構築の視点からいうと，人の住生活は個人の安全安心や快適衛生の保障のみならず，自然環境の問題や，世界の気候変動の問題も含めて，自分の生活を取り巻く社会の現状をよく理解し，住まい方やまちづくりについてあらゆる人と協働しながら責任をもって意思決定する必要があることに気付くことが重要です。

おもに関わる目標とターゲット

3　すべての人に健康と福祉を　　　　　9　産業と技術革新の基盤をつくろう

6　安全な水とトイレを世界中に　　　11　住み続けられるまちづくりを

7　エネルギーをみんなに　そしてクリーンに　　13　気候変動に具体的な対策を

学習指導要領の内容との関連

＜小学校家庭科＞B　衣食住の生活（住生活）

・住まいの主な働きが分かり，季節の変化に合わせた生活の大切さや住まい方について理解すること。
・住まいの整理・整頓や清掃の仕方を理解し，適切にできること。
・季節の変化に合わせた住まい方，整理・整頓や清掃の仕方を考え，快適な住まい方を工夫すること。
・日本の伝統的な生活についても扱い，生活文化に気付くことができるよう配慮すること。

3.4　3.9

＜中学校技術・家庭（家庭分野）＞B　衣食住の生活（住生活）

・家族の生活と住空間との関わりが分かり，住居の基本的な機能について理解すること。
・家庭内の事故の防ぎ方と家族の安全を考えた住空間の整え方について理解すること。
・家族の安全を考えた住空間の整え方について考え，工夫すること。

6.2　6.3
6.b

（衣食住の生活についての課題と実践）

・食生活，衣生活，住生活の中から問題を見いだして課題を設定し，その解決に向けてよりよい生活を考え，計画を立てて実践できること。
・生活の科学的な理解を深めるための実践的・体験的な活動を充実すること。
・日本の伝統的な生活についても扱い，生活文化を継承する大切さに気付くことができるよう配慮すること。

7.3　7.a

9.1　9.4

＜高等学校家庭基礎＞B　衣食住の生活の自立と設計（住生活と住環境）

・ライフステージに応じた住生活の特徴，防災などの安全や環境に配慮した住居の機能について理解し，適切な住居の計画・管理に必要な技能を身に付けること。
・住居の機能性や快適性，住居と地域社会との関わりについて考察し，防災などの安全や環境に配慮した住生活や住環境を工夫すること。

11.3
11.4

13.1
13.3

STEP 1

本質的な問い	住まい方の課題を解決するためには，どのようなことを考えておく必要があるのだろうか。
永続的理解	住まい方の課題を解決するためには，自然を生かして季節に合った住まい方（通風・遮光・換気・採光等）を工夫したり，環境に配慮した暮らし方（質材・省エネ・音等）について工夫したりすることが重要である。
パフォーマンス課題	**マイさわやかプラン・マイほかほかプランを立てよう** 見学や実験などを通して科学的に理解したことをもとに，自然を生かした季節に合った快適な住まい方や環境に配慮した暮らし方についてプランを提案してみましょう。家族にも意見をもらいましょう。

GRASPS でグレードアップ！
（パフォーマンス課題を分析したり，補ったりしてよりよい課題にしてみましょう）

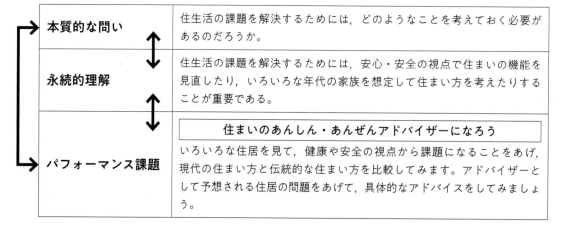

Goal　　　何が目的（Goal）か？　　　　　　　Situation　　想定されている状況は？

Role　　　（学習者が担う）役割は？　　　　　Performance　生み出すべき作品は？

Audience　誰が相手か？　　　　　　　　　　Standard　　（評価の）観点は？

STEP 2

本質的な問い	住生活の課題を解決するためには，どのようなことを考えておく必要があるのだろうか。
永続的理解	住生活の課題を解決するためには，安心・安全の視点で住まいの機能を見直したり，いろいろな年代の家族を想定して住まい方を考えたりすることが重要である。
パフォーマンス課題	**住まいのあんしん・あんぜんアドバイザーになろう** いろいろな住居を見て，健康や安全の視点から課題になることをあげ，現代の住まい方と伝統的な住まい方を比較してみます。アドバイザーとして予想される住居の問題をあげて，具体的なアドバイスをしてみましょう。

GRASPS でグレードアップ！
（パフォーマンス課題を分析したり，補ったりしてよりよい課題にしてみましょう）

Goal　　　何が目的（Goal）か？　　　　　　　Situation　　想定されている状況は？

Role　　　（学習者が担う）役割は？　　　　　Performance　生み出すべき作品は？

Audience　誰が相手か？　　　　　　　　　　Standard　　（評価の）観点は？

STEP 3

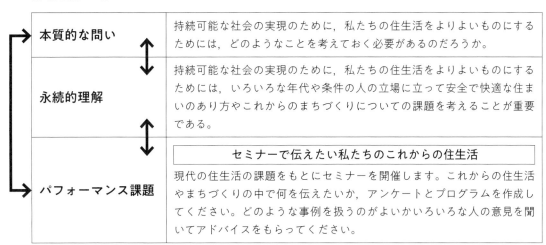

本質的な問い	持続可能な社会の実現のために，私たちの住生活をよりよいものにするためには，どのようなことを考えておく必要があるのだろうか。
永続的理解	持続可能な社会の実現のために，私たちの住生活をよりよいものにするためには，いろいろな年代や条件の人の立場に立って安全で快適な住まいのあり方やこれからのまちづくりについての課題を考えることが重要である。
パフォーマンス課題	**セミナーで伝えたい私たちのこれからの住生活** 現代の住生活の課題をもとにセミナーを開催します。これからの住生活やまちづくりの中で何を伝えたいか，アンケートとプログラムを作成してください。どのような事例を扱うのがよいかいろいろな人の意見を聞いてアドバイスをもらってください。

GRASPS でグレードアップ！
（パフォーマンス課題を分析したり，補ったりしてよりよい課題にしてみましょう）

Goal　何が目的（Goal）か？　　　　Situation　想定されている状況は？

Role　（学習者が担う）役割は？　　Performance　生み出すべき作品は？

Audience　誰が相手か？　　　　　Standard　（評価の）観点は？

Let's TRY　パフォーマンス課題を作ってみよう

本質的な問い	
永続的理解	
パフォーマンス課題	

GRASPS でグレードアップ！
（パフォーマンス課題を分析したり，補ったりしてよりよい課題にしてみましょう）

Goal　何が目的（Goal）か？　　　　Situation　想定されている状況は？

Role　（学習者が担う）役割は？　　Performance　生み出すべき作品は？

Audience　誰が相手か？　　　　　Standard　（評価の）観点は？

5 消費生活・環境を中心にした例

ウェルビーイングの向上を目指すために

　人がよりよく生きるためにはまず個人の安全・安心と健康的な衣食住の生活を保障できることが必要です。そして社会全体で持続可能な社会の構築に向けて，衣食住の生活と関連させて自分を含む家族や社会の消費行動が及ぼす影響について児童・生徒は意識を向けて学習を進めます。日常から自分の生活の課題を意識し，正しい知識を身に付け，家庭において果たすべき自分の役割や責任を自覚したり，地域社会で取り組むことの重要性にも気付いたりするにちがいありません。ここでは本質的な問いに迫るためにC消費生活・環境の内容と既習のA・Bの内容についても関連させて課題解決をはかるプロセスを重要視しましょう。STEP 1～3については身近な生活の問題から視野を広げて社会全体の課題に向き合えるように設定しています。そのためには，以下のようなコンピテンシーを育てることを意識しておきます。

> ・自分や自分を取り巻く家庭・地域において生活の現状をふまえ，健康で豊かで持続可能な社会の構築につながる生活様式を創造するとはどういうことかを考えようとする力
> ・さまざまな要素や環境への配慮等を組み合わせて，意思決定すべき消費行動や協働すべき生活様式について考えることができる力
> ・自分の消費行動や生活様式を振り返り，「よりよい選択とは何か」を考えて意思決定できることを考えて実践・行動にうつす力

SDGs との関わり

> 持続可能な社会の構築の視点からいうと，消費行動や生活様式は個人の志向のみならず，自然環境の問題や，世界の気候変動の問題も含めて，自分の生活を取り巻く社会の現状をよく理解し，生活行動様式についてあらゆる人と協働しながら責任をもって意思決定する必要があることに気付くことが重要です。
>
> **おもに関わる目標とターゲット**
>
> 1　貧困をなくそう
> 3　すべての人に健康と福祉を
> 7　エネルギーをみんなに　そしてクリーンに
> 8　働きがいも経済成長も
> 9　産業と技術革新の基盤をつくろう
>
> **12　つくる責任　つかう責任**
> 13　気候変動に具体的な対策を
> 16　平和と公正をすべての人に
> 17　パートナーシップで目標を達成しよう

学習指導要領の内容との関連

＜小学校家庭科＞ C　消費生活・環境

・買物の仕組みや消費者の役割が分かり，物や金銭の大切さと計画的な使い方について理解すること。
・身近な物の選び方，買い方を理解し，購入するために必要な情報の収集・整理が適切にできること。
・購入に必要な情報を活用し，身近な物の選び方，買い方を考え，工夫すること。
・自分の生活と身近な環境との関わりや環境に配慮した物の使い方などについて理解すること。
・環境に配慮した生活について物の使い方などを考え，工夫すること。

1.2　1.3
1.a

3.4　3.9
3.c　3.d

＜中学校技術・家庭（家庭分野）＞ C　消費生活・環境

・購入方法や支払い方法の特徴が分かり，計画的な金銭管理の必要性について理解すること。
・売買契約の仕組み，消費者被害の背景とその対応について理解し，物資・サービスの選択に必要な情報の収集・整理が適切にできること。
・物資・サービスの選択に必要な情報を活用して購入について考え，工夫すること。
・消費者の基本的な権利と責任，自分や家族の消費生活が環境や社会に及ぼす影響について理解すること。
・身近な消費生活について，自立した消費者としての責任ある消費行動を考え，工夫すること。

7.3　7.a

8.3　8.4
8.8

＜高等学校家庭基礎＞ C　持続可能な消費生活・環境

・家計の構造や生活における経済と社会との関わり，家計管理について理解すること。
・生涯を見通した生活における経済の管理や計画の重要性について，ライフステージや社会保障制度などと関連付けて考察すること。
・消費者の権利と責任を自覚して行動できるよう消費生活の現状と課題，消費行動における意思決定や契約の重要性，消費者保護の仕組みについて理解するとともに，生活情報を適切に収集・整理できること。
・自立した消費者として，生活情報を活用し，適切な意思決定に基づいて行動することや責任ある消費について考察し，工夫すること。
・生活と環境との関わりや持続可能な消費について理解するとともに，持続可能な社会へ参画することの意義について理解すること。
・持続可能な社会を目指して主体的に行動できるよう，安全で安心な生活と消費について考察し，ライフスタイルを工夫すること。

9.1　9.2
9.3　9.4
9.8

13.1
13.3

16.3
16.b

17.6
17.11
17.17

　は消費・環境分野すべてと関わる

STEP 1

本質的な問い	$\updownarrow$	目的に合った買い物をするためには，どのようなことを考えておく必要があるのだろうか。
永続的理解	$\updownarrow$	目的に合った買い物をするためには，いろいろなこと（収入と支出・売買契約の仕組み・目的に合った買い物の仕方・品質表示の見方）を考えて意思決定することが重要である。
パフォーマンス課題	$\updownarrow$	**買いもの名人リーフレットを作ろう** 目的に合った買い物をするために必要なことを調べて，買い物の注意点をまとめてリーフレットを作成しましょう。家族や友達にも見てもらって，意見をもらいましょう。

GRASPS でグレードアップ！
（パフォーマンス課題を分析したり，補ったりしてよりよい課題にしてみましょう）

Goal　　　何が目的（Goal）か？
Role　　　（学習者が担う）役割は？
Audience　誰が相手か？

Situation　　　想定されている状況は？
Performance　生み出すべき作品は？
Standard　　　（評価の）観点は？

STEP 2

本質的な問い	$\updownarrow$	よりよい消費生活を送るためには，どのようなことを考える必要があるのだろうか。
永続的理解	$\updownarrow$	よりよい消費生活を送るためには，消費行動が環境や社会に与える影響があることや生活上の問題につながることを自分が消費者市民として意識することが重要である。
パフォーマンス課題	$\updownarrow$	**わたしたちの消費者サミットをしよう** 自分たちの身の回りで起こっている消費者問題・消費者トラブルを調べて，トラブルの未然防止・解決方法を考えます。お互いに気を付け合う消費者問題を発表し交流するサミットを開催します。どのような事例を扱うのがよいか話し合ってプログラムを作成してください。

GRASPS でグレードアップ！
（パフォーマンス課題を分析したり，補ったりしてよりよい課題にしてみましょう）

Goal　　　何が目的（Goal）か？
Role　　　（学習者が担う）役割は？
Audience　誰が相手か？

Situation　　　想定されている状況は？
Performance　生み出すべき作品は？
Standard　　　（評価の）観点は？

STEP 3

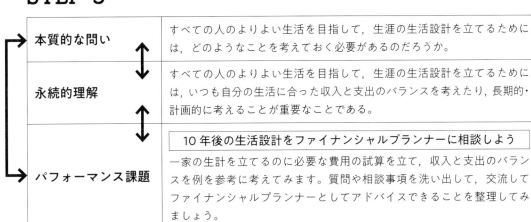

本質的な問い	↕	すべての人のよりよい生活を目指して，生涯の生活設計を立てるためには，どのようなことを考えておく必要があるのだろうか。
永続的理解	↕	すべての人のよりよい生活を目指して，生涯の生活設計を立てるためには，いつも自分の生活に合った収入と支出のバランスを考えたり，長期的・計画的に考えることが重要なことである。
パフォーマンス課題	↕	**10 年後の生活設計をファイナンシャルプランナーに相談しよう** 一家の生計を立てるのに必要な費用の試算を立て，収入と支出のバランスを例を参考に考えてみます。質問や相談事項を洗い出して，交流してファイナンシャルプランナーとしてアドバイスできることを整理してみましょう。

GRASPS でグレードアップ！
（パフォーマンス課題を分析したり，補ったりしてよりよい課題にしてみましょう）

Goal	何が目的（Goal）か？	Situation	想定されている状況は？
Role	（学習者が担う）役割は？	Performance	生み出すべき作品は？
Audience	誰が相手か？	Standard	（評価の）観点は？

Let's TRY　パフォーマンス課題を作ってみよう

本質的な問い	↕	
永続的理解	↕	
パフォーマンス課題	↕	

GRASPS でグレードアップ！
（パフォーマンス課題を分析したり，補ったりしてよりよい課題にしてみましょう）

Goal	何が目的（Goal）か？	Situation	想定されている状況は？
Role	（学習者が担う）役割は？	Performance	生み出すべき作品は？
Audience	誰が相手か？	Standard	（評価の）観点は？

6 総合的な家庭生活を中心にした例

ウェルビーイングの向上を目指すために

　人がよりよく生きるために家族は支えになる存在です。平時にはあまりその絆の強さや恩恵を意識することが少ない家族かもしれませんが，災害時や事故等の非常時においては，たちまち協力し合い支え合い，仕事を分担したり，地域社会との連携を視野に入れたりしなければなりません。このようなリアルな課題の想定をする中で，児童・生徒は自ずと日常から家族のことをよく理解しておくことや，家庭において果たすべき自分の役割や責任を自覚したり，地域とのコミュニケーションの重要性に気付いたりするにちがいありません。ここでは本質的な問いに迫るためにA家族・家庭生活の内容と既習のB・Cの内容についても関連させて課題解決をはかるプロセスを重要視しましょう。STEP 1～3については身近な家庭生活の問題から視野を広げて時間軸・空間軸の広がりを意識して地域社会や生涯を通しての課題に向き合えるように設定しています。そのためには，以下のようなコンピテンシーを育てることを意識しておきます。

・自分を取り巻く家族や家庭・地域のことをよく理解し，互いの力を引き出そうとする機会を創り出そうとする力
・さまざまな立場の人の考えを総合して折合いをつけながら協働して解決しようとする力
・自分の役割を自覚し，他者と協働しながら「自分に何ができるのか」を考えて行動にうつす力

SDGs との関わり

持続可能な社会の構築の視点からいうと，すべての人々がよりよく生きるためには個人の安全安心や快適衛生の保障のみならず，自然環境の問題や，世界の気候変動の問題も含めて，自分の生活を取り巻く社会の現状をよく理解し，あらゆる人と協働しながら一人一人の責任をもった意思決定の必要があることに気付くことが重要です。

おもに関わる目標とターゲット

3　すべての人に健康と福祉を　　　　　8　働きがいも経済成長も
4　質の高い教育をみんなに　　　　　10　人や国の不平等をなくそう
5　ジェンダー平等を実現しよう　　　　16　平和と公正をすべての人に

学習指導要領の内容との関連

＜小学校家庭科＞Ａ　家族・家庭生活

・日常生活の中から問題を見いだして課題を設定し，よりよい生活を考え，計画を立てて実践できること。

3.4　3.9
3.c　3.d

＜中学校技術・家庭（家庭分野）＞

（家族・家庭生活についての課題と実践）

・家族，幼児の生活又は地域の生活の中から問題を見いだして課題を設定し，その解決に向けてよりよい生活を考え，計画を立てて実践できること。

（衣食住の生活についての課題と実践）

・食生活，衣生活，住生活の中から問題を見いだして課題を設定し，その解決に向けてよりよい生活を考え，計画を立てて実践できること。
・生活の科学的な理解を深めるための実践的・体験的な活動を充実すること。
・日本の伝統的な生活についても扱い，生活文化を継承する大切さに気付くことができるように配慮すること。

4.1　4.3
4.4　4.5
4.a

（消費生活についての課題と実践）

・自分や家族の消費生活の中から問題を見いだして課題を設定し，その解決に向けて環境に配慮した消費生活を考え，計画を立てて実践できること。

5.1　5.4
5.c

＜高等学校家庭基礎＞Ｄ　ホームプロジェクトと学校家庭クラブ活動

・生活上の課題を設定し，解決に向けて生活を科学的に探究したり，創造したりすることができるように次の事項を指導する。
・**ホームプロジェクト**及び**学校家庭クラブ活動**の意義と実施方法について理解すること。
・自己の家庭生活や地域の生活と関連付けて生活上の課題を設定し，解決方法を考え，計画を立てて実践すること。

8.3　8.4
8.5

（内容を取り扱うにあたっての配慮事項）

内容のＤの指導に当たっては，ＡからＣまでの学習の発展として実践的な活動を家庭や地域などで行うこと。

10.2
10.3

16.2
16.6
16.b

STEP 1

本質的な問い	私たちは，もしも災害が起こったときに自分にできることを見つけるためには，何をどのように備えておく必要があるのだろうか。
永続的理解	家族や家庭の分担を見直し，日常から自分にできることを見つけて工夫して生活することや家族・地域との協力と連携をふまえて備えておくことが重要である。
パフォーマンス課題	**防災家族会議をしよう** あなたの町で災害が起こったと想定しましょう。非常時に備えて何をしておくかを相談しましょう。家族の役割や家庭の仕事の分担を決めて，それぞれの立場で自分にできるようになったことで何ができそうか，意見を交流して防災家族会議をしましょう。

GRASPS でグレードアップ！
（パフォーマンス課題を分析したり，補ったりしてよりよい課題にしてみましょう）

Goal	何が目的（Goal）か？	Situation	想定されている状況は？
Role	（学習者が担う）役割は？	Performance	生み出すべき作品は？
Audience	誰が相手か？	Standard	（評価の）観点は？

STEP 2

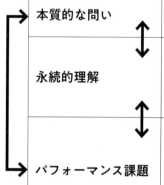

本質的な問い	私たちは，もしも災害が起こったら，いろいろな人々と協力して生活するために，何をどのように備えておく必要があるのだろうか。
永続的理解	もし災害が起こったとしたら，それぞれの家族にとって心配な要素を考えて，これまで学習した衣食住の生活を工夫することや家族・地域との協力と連携をふまえて避難時に必要なものを揃えたり，備えておくことが重要である。
パフォーマンス課題	**もしものとき，家族はどうするか Q&A 集をつくろう** 災害時や非常時のことで，家族にはどんな問題が起こるか想定して，もしもの時に役立つ Q & A 集を作ってください。これまで学習したことで自分にどのようなことができるか考えてみましょう。また地域に協力できることも考えてみましょう。

GRASPS でグレードアップ！
（パフォーマンス課題を分析したり，補ったりしてよりよい課題にしてみましょう）

Goal	何が目的（Goal）か？	Situation	想定されている状況は？
Role	（学習者が担う）役割は？	Performance	生み出すべき作品は？
Audience	誰が相手か？	Standard	（評価の）観点は？

STEP 3

本質的な問い	すべての人がよりよく生きる社会にするためには，どのようなことを考える必要があるのだろうか。
永続的理解	すべての人がより安全に安心してよりよく暮らすためには，各人が家庭や地域社会で起こっている日常の身近な家庭生活の問題に目を向けて，何がどこで必要とされているのか，自分で自立して生活できる力を身に付けておくことや他と協力する体制を作っておくことが重要である。
パフォーマンス課題	すべての人がよりよく生きる社会にするための提案書を作ろう すべての人がよりよく生きる社会にするための提案書を作るために家庭や地域社会で起こっている生活課題について調べます。国内外で実際に社会で行われている取り組みについても調べて課題解決のために必要とされていることを提案書にまとめて発信しましょう。

GRASPS でグレードアップ！
（パフォーマンス課題を分析したり，補ったりしてよりよい課題にしてみましょう）

Goal	何が目的（Goal）か？	Situation	想定されている状況は？
Role	（学習者が担う）役割は？	Performance	生み出すべき作品は？
Audience	誰が相手か？	Standard	（評価の）観点は？

Let's TRY　パフォーマンス課題を作ってみよう

本質的な問い	
永続的理解	
パフォーマンス課題	

GRASPS でグレードアップ！
（パフォーマンス課題を分析したり，補ったりしてよりよい課題にしてみましょう）

Goal	何が目的（Goal）か？	Situation	想定されている状況は？
Role	（学習者が担う）役割は？	Performance	生み出すべき作品は？
Audience	誰が相手か？	Standard	（評価の）観点は？

本書で扱うパフォーマンス課題例一覧

	小学校　STEP 1	中学校　STEP2
A	**あなたの家族団らんプラン集を提案しよう** 家族の構成やテーマによって団らんのアイデアをできるだけ多く集めてプラン集を作って提案する。	<u>**地域のみんなが楽しんで参加できるイベントを企画しよう（事例３）※**</u> 家庭科の学習を活かして地域のみんなが楽しめるイベントの企画を持ち寄ってコンペを行う。いろいろな立場の人が喜んで参加できる企画を持ち寄る。
B (食)	**BENTO レシピブックを作ろう** 一食分の献立として考えたお弁当レシピを集めて学級でレシピブックにして交流する。 **みそ汁コンテストをしよう（事例１）** 家族が喜ぶ「わが家のとっておきの秋のみそ汁」のコンテストを行う。食材を組み合わせてそのよさが引き出されるよう手順を考える。	**一日ご当地シェフになろう** 地域の特色ある食材を使って一日の献立を作成し、献立を紹介してコメントをもらう。
B (衣)	**体操服の手入れの仕方を下級生に教えよう** 正しい手入れ・管理の仕方や適切な選び方、小さくなった体操服をどうするか教え、質問を受け付ける。 **マイバッグを作ろう（事例２）** 好きな色や形の布を縫い合わせマイ・ミニバッグを製作する。並行して次の５年生に向け製作手順を示すガイドブックを作る。	**わたしの衣服のワードローブマップを作ろう** 自分の持っている衣服の種類ごとにリストアップし、管理の仕方や購入計画をマッピングする。 <u>**衣服とながーいお付き合い～サスティナブル・ファッション～（事例４）※**</u> サスティナブル・ファッションの店主になり着なくなった衣服を買い取り販売する。売りに来た人や客への質問やアドバイスをのせたチラシを作成する。
B (住)	**マイさわやかプラン・マイほかほかプランを立てよう** 見学や実験を通して科学的に理解したことをもとに、自然を生かした季節にあった快適な住まい方や環境に配慮した暮らし方についてプランを提案する。	**住まいのあんしん・あんぜんアドバイザーになろう** 健康や安全の視点から課題をあげて、現代の住まい方と伝統的な住まい方を比較してアドバイザーとして予想される住居の問題をあげて具体的なアドバイスをする。
C	**買いもの名人リーフレットを作ろう** 目的に合った買い物をするために必要なことを調べて、買い物の注意点をまとめてリーフレットを作成する。	**わたしたちの消費者サミットをしよう** 自分たちの身の回りで起こっている消費者問題・消費者トラブルを調べて未然防止・解決方法を考えて交流するサミットを開催する。どのような事例を扱うかを考えてプログラムを作成する。 <u>**世界を変えるあなたの消費行動～環境マークコンテスト 2021 ～（事例５）※**</u> 商品に付けたい環境マークのコンテストを行う。マークに説明も加えてパンフレットを作成する。
総合	**防災家族会議をしよう** あなたの町で災害が起こったと想定し、非常時に備えて家族の役割や家庭の仕事の分担、自分の立場で何ができるかを考えて防災家族会議をする。	**もしものとき、家族はどうするかＱ＆Ａ集を作ろう** 災害時や非常時に家族のことでどんな問題が起こるかを想定してQ&A集を作る。地域に協力できることも考える。

（　　　の課題は第4章で，題材計画書を掲載している事例です）

高等学校（家庭基礎）／高等学校（家庭総合）　STEP 3
よりよく生きる人生にするためのライフステージマップを作ろう よりよく生きる人生にするためのライフステージにおける生活課題とそれに応じた知識とスキルをまとめてライフステージマップを作る。
人生ゲームで考える私の人生（事例6）※ ボードゲーム開発者となり人生ゲームを開発する。人生をイメージし起こりそうなイベント（よいことやリスクになること）をマスにし，QOL をポイント化する。ルールやゲームのおもしろさを紹介する。
家庭内フードコーディネーターになろう これまでの学習をもとに自分の家族を含めいろいろな年代の人のそれぞれの食の課題を明らかにして解決するためのアドバイスを行う。
日本の衣文化のよさを取り入れた衣生活を提案しよう 日本の伝統的な衣生活の知恵や工夫を調べ，現代の衣生活と比較し問題提起し，今後の衣生活に活かせそうなことを提案する。
セミナーで伝えたい私たちのこれからの住生活 現代の住生活の課題をもとにセミナーを開催し，これからの生活やまちづくりの中で伝えたいことのアンケートとプログラムを作成する。扱いたい事例を紹介する。
ライフステージに合ったリフォームプランを提案しよう（事例7）※ 20 年〜 30 年後も住み続けられる住まいのリフォームプランを提案し，工夫したポイントについてプレゼンテーションで説明する。
10 年後の生活設計をファイナンシャルプランナーに相談しよう 一家の生計を立てるのに必要な費用の試算を立て，収入と支出のバランスの例を参考にし，質問や相談事項を洗い出しファイナンシャルプランナーとしてアドバイスできることを整理する。
すべての人がよりよく生きる社会にするための提案書を作ろう 家庭や地域社会で起こっている生活課題について調べ，国内外で実際に行われている取り組みについても調べて課題解決のために必要とされていることを提案書にまとめる。

※印のパフォーマンス課題は，2020 年度大阪教育大学中等家庭科教育法 III・IV の受講生の成果物を参考にしました。

「服育」のすすめ～人を包む衣服の意味～

　いろいろなところで聞くようになった「食育」や広まりつつある「住育」という言葉にならんで，衣生活についても改めて見直す「服育」の取り組みをご存じでしょうか?

　家庭科を学ぶ以前に，子どもたちは，小さい頃から自分の体を守る衣服を着ています。小さい頃は親に選んでもらった服を着たり，衣服の手入れをしてもらいますが，だんだん自分で着る服を選んだり，自分で手入れができるようになっていきます。

　衣服は着る人のアイデンティティや個性を表現する役割も果たしますし，命を守る道具にもなります。欧米では子どもたちは小さい頃から，自分で好きな色やデザインの服を選ぶことができるように育てられることも多いようです。日本でも学校で決められた制服や標準服を着ることがありますが，男女の違いで型にはめるのではなく，自由にデザインを組み合わせたり，着方を何通りにでも工夫できるような選択肢が徐々に増えつつあるように思います。個性や人権を尊重する上でも人が着る物はとても重要な意味をもっていることがわかります。

　また，人の身を守る上でも衣服は重要な役割をもっています。たとえば，暗い道を黒っぽい服を着て歩く歩行者と，白っぽい服を着て歩く歩行者では，遠方からの自動車の認知度は大きく異なります。自分の身を守るためにも，冬の下校時や夜の外出時は，白っぽい服を着た方が安全であるというようなことは，低学年の子どもでもわかることです。このような安全指導と服育授業を行って，交通事故から身を守るために，地域の協力によって，反射板のついた蛍光カラーのベストを着用している学校もあります。学校での登下校路を見直し，服育の授業で教えてもらったことを家庭や地域のお年寄りにも教えてあげたいと感想で述べています。おとなも子どもも同じ土俵で考えることができるのです。

　最近では「バトンバッグ」といって，さまざまな人とのパートナーシップにより環境と福祉の視点を盛り込んで制服に使われなかった未活用生地を使いバッグにアップサイクルして海外に送ったり地域で活用してもらうという，子どもたちが主体的に世界や地域とつながるプロジェクトに挑戦する取り組みも始まっています。

　このような取り組みをできるだけ多くの学校や家庭に知ってもらうことで，持続可能な社会を実現することが可能になるにちがいありません。そのためには，学校とさまざまな分野の人とが互いにパートナーシップを結んで連携していくことが重要であることはいうまでもありません。幼い子どもから高齢者まで人の生き方をも包み込む衣服の意味について，みんなが一人ひとりを大切に思いながら社会のありようとともに考えていく，そんな時代がきているのではないでしょうか。

（協力：服育 net 研究所，京都服育研究会）

<実践編>

第4章

パフォーマンス課題を活かした題材計画例

　具体的なパフォーマンス課題とそれを活かした題材計画例，授業実践例を紹介します。次に授業を作るのはあなたです。テンプレートを用いて，パフォーマンス課題とそれを活かした題材計画をデザインしてみましょう。

毎日の食事～とっておきの秋のみそ汁を作ろう～

教科・科目名	家庭科	学校名	○○小学校
対象学年	第5学年	授業者名	秋野　未味
題材名	毎日の食事～とっておきの秋のみそ汁を作ろう～		
実施時期	11月	時間	14時間

1　学習指導要領の関連内容

小学校　A（3）ア（ア）B（1）ア　（2）ア（ア）（イ）（オ）イ　　（家族・家庭生活と食生活の関連）

2　この題材で重視したいこと（児童・生徒の実態，教科の本質，私たちの未来を作り上げていくために必要な力とは？）

児童には，実際の生活において，毎日の食事を自分で考えて，健康な食生活を持続可能な形で実践していく力が求められる。日常生活の中では，これまで作ってもらったものを食べてきた子どもたちが，自分で毎日の食事を作るための知識やスキルを身に付け，応用的に状況判断して，食材を選んだり組み合わせたりして工夫していく力を主体的に食生活を創造していこうとしている。この題材では，学んだ知識やスキルを活用して，自分の家族に「とっておきの秋のみそ汁」づくりを計画して家庭実践につなげる。材料を選ぶ観点として買い物の学習とみそ汁づくりの調理の基礎を学び，学校での「秋のみそ汁コンテスト」を通して，家庭での計画づくりの手がかりとする。調理の基礎は，5年生になってから経験したゆでる調理を活かして「安全性」「効率性」「おいしさの追究」の視点で，グループで立てた調理計画に基づいて実習を進める。みそと3種類の食材については，買い物の学習を通してそれぞれに理由をもって選んだ食材で実習を行う。

3－1　題材目標

家族の一員として食事の役割と食事の大切さ，わが国の伝統的な配膳，伝統的な日常食の米飯とみそ汁の調理の仕方について理解するとともに，それらに係る技能を身に付け，おいしく作るために問題を見出し課題を設定し，さまざまな解決方法を考え，実践を評価・改善し，考えたことを表現するなどして主体的に課題を解決する力を身に付け，生活を工夫し実践しようとする。

観点別評価規準

（主体的に学習に取り組む態度）	（思考・判断・表現）	（知識・技能）
家族の一員として，生活をよりよくしようと，食事の役割，伝統的な日常食である米飯，及びみそ汁の調理の仕方について，課題の解決に向けて主体的に取り組んだり，振り返って改善したりして，生活を工夫し，改善しようとしている。	おいしく食べるために米飯及びみそ汁の調理計画や調理の仕方について問題を見出して課題を設定し，さまざまな解決方法を考え，実践を評価・改善し，考えたことを表現するなどして課題を解決する力を身に付けている。	・食事の役割がわかり，食事の大切さについて理解している。 ・調理に必要な材料や分量，手順がわかり，調理計画について理解している。 ・わが国の伝統的な配膳の仕方について理解しているとともに，適切にできる。 ・伝統的な日常食である米飯及びみそ汁の調理の仕方を理解しているとともに，適切にできる。

3－2【重点目標】（「見方・考え方」）※観点・レベルの数については，変更可。

「本質的な問い」	【知識・技能】
どうすれば家族が喜ぶみそ汁が作れるのだろうか？	・栄養のバランスを考えた食材の選び方
「永続的理解」	・旬の季節の食材の選び方
日本の伝統食であるみそ汁は，いろいろな条件を合わせ，様々な食品を組み合わせて健康的な毎日の食事を整えることができる献立の中の料理の一つである。 自分で条件を整えて，食材を選び，材料に適した調理の仕方を工夫してみそ汁が作れる基礎的基本的な知識とそれに係る技能を身に付けることが重要である。	・食材の種類や切り方と加熱時間 ・安全で衛生的な調理の仕方 ・みそ汁を作る手順 ・日本の伝統的な配膳の仕方

4　評価方法	
【パフォーマンス課題】	【その他の評価方法】
あなたがわが家の一日シェフになって家族が喜ぶ「わが家のとっておきの秋のみそ汁」の調理計画を立ててください。 健康のためや見た目の美しさを考えて食材を組み合わせたり，食材のよさが引き出されるように手順を考えて調理計画を立ててください。	・食材の選び方や作り方の手順の理解（テスト） ・みそ汁の調理計画（ワークシート） ・みそ汁を作る技能（実習・コンテスト）

5　期待される生徒の姿（パフォーマンス課題についてのルーブリック）

レベル	観点A　みそ汁に合った適切な食品選び	観点B　食品に合った調理の仕方
3	レベル2の条件に加えて以下の点が加えられている。 ・旬の食品を選び，季節感を感じられるような工夫ができている。 ・食品の適切な量を考えている。	レベル2の条件に加えて以下の点が加えられている。 ・調理実習の経験を活かして食品の適切な調理の仕方を考えている。 ・おいしさを追究するとともに効率性を考えた調理の仕方にも目を向けている。 ・実習で起きた状況に根拠をもって臨機応変に対応する工夫が考えられている。
2	・いろどりを考えている。 ・複数の栄養素が入るような食品の組み合わせができている。	・食品に合った加熱時間の調節（火の通りにくい食品，みそ，香りを大切にする食品）ができている。 ・安全面を考えた調理の仕方が考えられている。
1	【支援】材料の選び方や調理の仕方など，グループで作成した調理計画を見直したり，「みそ汁コンテスト」に至るまでのグループで話し合ったことやおいしく作る工夫の内容を振り返ったりして，学習したことを「わが家のとっておきの秋のみそ汁」づくりの計画に活かせるように助言する。	

6　学習のプロセス（題材計画）

～～～～ 第1次 ～～～～

毎日の食事を見つめよう
　①1週間分の献立の比較から共通点や相違点についてKJ法を用いて整理し話し合う。【話し合い】
　②食品カードを用いて自分の食事の内容を調べる。【調べる】

おいしいごはんとみそ汁を作ろう
　③④米が炊かれている様子を観察し，科学的な理解を深める。【調べる】＜科学的な知識理解＞

～～～～ 第2次 ～～～～

とっておきのみそ汁を作ろう
パフォーマンス課題の提示
　⑤パフォーマンス課題を把握し，みそ汁の作り方を調べる。【調べる】
　⑥「だし」のよさと役割を調べる。【調べる】
　⑦マトリックス図を用いて調理計画を立てる。【話し合い】
　⑧調理シミュレーションを行い，見つけた工夫をYチャートに分類整理し，調理計画を改善する。
【話し合い】＜基礎的知識や技能の獲得＞
　⑨商品の情報を収集し，表にまとめて比較する。【話し合い】
　⑩みそ汁の食材を買い物する。【実習】
　⑪⑫調理計画にそって，調理実習「秋のみそ汁」を行う。【実習】
　⑬秋のみそ汁コンテストを行う。【話し合い】

> **Point！**
> さまざまな要素を取り入れて，工夫改善したことを行動・実践にうつすことが大事。

～～～～ 第3次 ～～～～

わが家のとっておきのみそ汁の計画を立てよう
パフォーマンス課題に取り組む
　⑭学んだことを活かして「とっておきのわが家の秋のみそ汁」の調理計画を立て，家庭実践につなげる。

p.29 コラム①を紹介する

パフォーマンス課題を活かした事例2　題材計画書

マイ・ミニバッグを作ろう

教科・科目名	家庭科	学校名	○○小学校
対象学年	第5学年	授業者名	好木名　布出
題材名	マイ・ミニバッグを作ろう		
実施時期	5月〜6月	時間	9時間

1　学習指導要領の関連内容

小学校　B（5）ア（ア）（イ）イ　　（衣生活を中心に英語科 "What color do you like ？" との教科横断学習）

2　この題材で重視したいこと（児童・生徒の実態，教科の本質，私たちの未来を作り上げていくために必要な力とは？）

子どもたちは自分で考えたものを作りたいという意欲をもっている。自分の好きな色や形の布を縫い合わせて，オリジナルのミニバッグを製作する。針と糸を使って布を縫い合わせる仕事は，私たちの暮らしの中ではどんなときにも役立つ。目的に合った縫い方を考えたり，工夫したりすることによって，美しくしかも機能的に丈夫にすることができる。また縫う順序を考えることは，他のいろいろな製作に活用することができる。針と糸が使えるようになることは，生活を豊かにすることに気付いていくだろう。パフォーマンス課題として，作品と並行して次の5年生に向けての製作ガイドブックを作ることにする。何度もつまずいて解決方法を模索することで，確実に技能を習得し，人にわかるように解説することで基礎的なスキルと知識を結び付けることによって活用することができるとともに定着していくことが期待できる。そして，子どもたちは "針と糸で縫う" という文化の価値に気付き，自分で作ったものは必ず大切にしようと思うにちがいない。

3−1　題材目標

・製作に必要な材料や手順が分かり製作計画について理解する。手縫いによる目的に応じた縫い方及び用具の安全な取扱いについて理解し適切に使用できる。
・生活を豊かにするために布を用いたものの製作計画や製作についての問題を見出して課題を設定し，さまざまな解決方法を考え，実践を評価・改善し，考えたことを表現するなどして課題を解決する力を身に付ける。
・生活を豊かにするための布を用いた製作について課題の解決に向けて主体的に取り組んだり，振り返って改善したりして，生活を工夫し実践しようとする。

観点別評価規準

（主体的に学習に取り組む態度）	（思考・判断・表現）	（知識・技能）
生活を豊かにするための布を用いた製作について課題の解決に向けて主体的に取り組んだり，振り返って改善したりして，生活を工夫し実践しようとしている。	生活を豊かにするために布を用いた物の製作計画や製作についての問題を見出して課題を設定し，さまざまな解決方法を考え，実践を評価・改善し，考えたことを表現するなどして課題を解決する力を身に付けている。	製作に必要な材料や手順がわかり製作計画について理解する。手縫いによる目的に応じた縫い方及び用具の安全な取扱いについて理解し適切に使用できる。

3−2【重点目標】（「見方・考え方」）※観点・レベルの数については，変更可。

「本質的な問い」

自分の生活を豊かにし，自分を表現するための布を用いたものを製作するためにはどのようなことを身に付ける必要があるのだろうか。

「永続的理解」

生活を豊かにするために自分を表現するものを製作するためには，必要な材料や手順を理解し，針と糸を使う知恵を働かせて製作計画を立てることや目的に応じた縫い方や安全に用具を取り扱って適切に縫えるようになることが重要である。

【知識・技能】

・玉結び・玉止め
・なみ縫い・本返し縫い・半返し縫い
・かがり縫い・ボタン付け
・裁縫用具の安全な使い方
・製作の手順や計画の立て方

4 評価方法	
【パフォーマンス課題】 あなたはデザイナーです。自分の好きな色や形の布を縫い合わせてマイ・ミニバッグを製作します。製作の手順をわかりやすく次の5年生に示すために，製作ガイドブックを作ってください。	【その他の評価方法】 ・基礎縫いの技能（作品・製作の様子） ・縫い方や手順の理解（ペーパーテスト）

5 期待される生徒の姿 （パフォーマンス課題についてのルーブリック）

レベル	観点A　目的に合った適切な手順	観点B　用具の安全面での留意点
3	レベル2の条件に加えて以下の点が加えられている。 ・なぜそうするのかという理由も加えたアドバイスが書かれている。	レベル2に加えて以下の点が加えられている。 ・製作活動に関わらせて裁縫用具の安全な使い方についての記述だけでなく間違った使い方の記述も記されている。
2	・マイバッグを作る手順の中で失敗しないための適切なポイントの指示の内容が記述できている。	・裁縫用具の安全な使い方についての記述が手順にそって書かれている。
1	【支援】タイミングを逃さず製作の中での気づきやポイントをガイドブックへ記述していくように声かけをし，製作への意欲をもたせ，主体的に知識の習得と技能の獲得を結び付けて言語化できるようにする。	

6 学習のプロセス （題材計画）

～～～～ 第1次 ～～～～

針と糸を使ってできること

　①針と糸を使ってできることを見つけよう。【話し合い】

～～～～ 第2次 ～～～～

パフォーマンス課題の提示

手ぬいにトライ！

　②裁縫用具の名前と安全な使い方を考える【調べる】

　③④⑤玉結び・玉止め・ボタン付け・なみ縫い・返し縫い・かがり縫いについて各技能を理解する【調べる・実習】

　　SDGsの17色から好きな色の布を選ぶ⇒英語の時間に "What color do you like ？" の学習で選ばせる。

パフォーマンス課題に取り組む

　⑥マイ・ミニバッグ製作について，手順を考えながら計画を立てる。

　⑦⑧ミニバッグ製作とガイドブックを作成する。【実習】

作品交流会を行う⇒英語の時間に "What color do you like ？" の学習でクイズを出し合いながら作品の相互評価や交流を行う。

～～～～ 第3次 ～～～～

パフォーマンス課題の交流と振り返り

手縫いのよさを生活に活かそう

　⑨手縫いのよさを活かしてやってみたいことを考えて計画する。──< p.30 コラム②を紹介する

　【話し合う】

＜パフォーマンス課題の成果物のイメージ＞

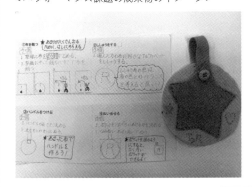

Point！

作品のでき栄えでなく，どのように思考し，知識やスキルを使いこなそうとしているかが大事。

81

パフォーマンス課題を活かした事例3　題材計画書

地域のみんなが楽しんで参加できるイベントを企画しよう

教科・科目名	家庭科	学校名	○○中学校
対象学年	第3学年	授業者名	街尾　明希
題材名	地域のみんなが楽しんで参加できるイベントを企画しよう		
実施時期	10月	時間	8時間

1　学習指導要領の関連内容

中学校　A（1）ア（2）ア（ア）（イ）イ（3）ア（ア）（イ）イ（4）ア　　（家族・家庭生活を中心に）

2　この題材で重視したいこと（児童・生徒の実態，教科の本質，私たちの未来を作り上げていくために必要な力とは？）

社会問題ともなっている少子高齢化社会において，家族・家庭や地域の関わりについて課題をもって家族の立場や役割，家庭生活・地域の関わりについて理解し，家族関係や幼児や高齢者との関わりに関する基礎的な知識を身に付け，家族関係をよりよくする方法や地域の人々と関わり協働する方法を考え工夫することができるようにしていく必要がある。身に付けた知識をいかに実生活に活かしていくかリアリティのある課題を自ら設定し，解決していくことこそが「新しい社会を創造する学び」へのアプローチになるのではないだろうか。第1学年から学習してきた要素をつないで，長期的に身に付けたことを活かす題材を指導計画に位置付ける。

3－1　題材目標

家庭生活と地域の人とのつながりについての課題を見出し，中学生としての地域社会の一員である自覚を高め，地域の人々が楽しんで参加できるイベントを具体的に考えることでよりよい家庭生活を営み，地域社会に貢献する意識を高める。

観点別評価規準

（主体的に学習に取り組む態度）	（思考・判断・表現）	（知識・技能）
家庭生活や家族，地域の人々との関わりについて関心をもって学習活動に取り組み，家庭生活や地域をよりよくしようとしている。	家庭生活や家族関係，地域における生活について課題を見つけ，その解決を目指す。	家庭生活や家族の基本的な機能，家庭生活と地域との関わりや幼児，高齢者の特徴について理解している。

3－2　【重点目標】（「見方・考え方」）※観点・レベルの数については，変更可。

「本質的な問い」	【知識・技能】
地域の人々が関わり合うためにどのような理解が必要なのだろうか。	・家庭生活や家族の基本的機能 ・幼児の特徴と課題 ・高齢者の特徴と課題 ・家庭と地域が関わり合える場の設定
「永続的理解」	
地域の人々が関わり合うためには，幼児や高齢者などいろいろな立場の人の特徴を理解し，願いや思いを把握し，関わり合える環境をもつことが重要である。	

4	評価方法

【パフォーマンス課題】	【その他の評価方法】
あなたは，地域のみなさんが楽しめるイベントの企画を任されたプロジェクトのリーダーです。小さな子どもたちからお年寄りまで，みんなが楽しめるイベントの企画を持ち寄ってコンペを行います。いろいろな立場の人が喜んで参加できる魅力的な内容を検討してください。	・計画書 ・話し合いのワークシート

5	期待される生徒の姿（パフォーマンス課題についてのルーブリック）

レベル	観点A　いろいろな年齢層の特徴の理解	観点B　地域社会との関わりについての工夫
3	レベル2の条件に加えて以下の点が加えられている。 ・いろいろな年齢層の特徴をとらえて，どのように工夫したかが人々に伝わるような工夫が見られる。	レベル2の条件に加えて以下の点が加えられている。 ・オリジナリティがあり，いろいろな人が楽しめることに加えて関わり合える工夫が考えられている。
2	・幼児の特徴を考えた内容が提案できている。 ・高齢者の特徴を考えた内容が提案できている。 ・地域の人々が関わり合える内容が工夫できている。	・いろいろな年齢層の人のことを考えて安全面や衛生面にも配慮した計画ができている。
1	【支援】第1学年の学習内容を振り返り，幼児の特徴や高齢者の特徴を思い出させ，どのような工夫ができるか，学習者同士の考えが交流できるように声かけして計画書に助言を与える。	

6	学習のプロセス（題材計画）

第1学年 「自分の成長と家族・家庭生活」 ・家族・家庭の基本的な機能	第1学年 「家族・家庭や地域との関わり」 ・協力によるよりよい家族関係 ・地域の人々との協働の必要性 ・高齢者との関わり方	第3学年 「幼児の生活と家族」 ・幼児の発達と生活の特徴 ・子供が育つ環境としての家族の役割 ・幼児にとっての遊びの意義 ・幼児との関わり方

～～～～ 第1次 ～～～～

家庭生活と地域社会の関わりについて考えよう
　①家庭はどのようなことで社会とつながり，支えられているか話し合う。【話し合い】
　②地域ではどのような関わり方をしているか調べる。【調べる】

～～～～ 第2次 ～～～～

地域の人とのふれあいについて考えよう
パフォーマンス課題の提示
　③自分の生活や地域の人々について課題を見つけて具体的な解決策や取り組みについて整理する。
　④地域のまとめ役の人や行政機関の人の話を聞く。【調べる】

～～～～ 第3次 ～～～～

パフォーマンス課題に取り組む
地域のみんなが楽しく参加できるイベントを企画しよう
　⑤第2次の学習からどのようなイベントにするか企画書を作る。
　⑥具体的な計画案，プログラム，広報チラシを作成する。
　⑦イベント紹介のプレゼンテーションを作成する。
　⑧計画したイベントのコンペティションを行う。

> **Point!**
> 既習の知識やスキルを実践レベルで使いこなすことができるように導くことが重要。

衣服とながーいおつきあい〜サスティナブル・ファッション〜

教科・科目名	家庭科	学校名	○○中学校
対象学年	第2学年	授業者名	井清　活尾
題材名	衣服と長〜いおつきあい〜サスティナブル・ファッション〜		
実施時期	10月	時間	8時間

1　学習指導要領の関連内容

中学校　B（4）ア（ア）（イ）イ　　C（2）アイ　　（衣生活・消費生活・環境の関連）

2　この題材で重視したいこと（児童・生徒の実態，教科の本質，私たちの未来を作り上げていくために必要な力とは？）

毎日身に着けている衣服は，衛生的に健康な生活を保障するものでもあり，自分を表現する手段でもある。購入から着装，管理，廃棄まで生涯を通じて自分で管理していかなくてはならない生活の技能である。私たちが手に入れる衣類はその製造工程で汚染水や温室効果ガスを大量に発生させていることや在庫の大量廃棄，開発途上国による低賃金労働による低価格化による消費者の短いサイクルでの大量消費と廃棄が繰り返されることで古着ゴミの増加などが問題化してきた。環境の問題に密接につながる衣類の生産や流通，消費において自然環境や社会に配慮した取り組みとしてサスティナブル・ファッションという概念が注目されつつある。この題材では自分の衣生活を見直すための見方・考え方として持続可能な社会の構築を意識した衣生活・消費生活のあり方について考えさせたい。

3−1　題材目標

衣服の働き・目的に合わせた着方，選び方の知識を活用し，持続可能な社会を意識した衣服の購入や手入れの仕方を考えた衣生活について提案することができる。

観点別評価規準

（主体的に学習に取り組む態度）	（思考・判断・表現）	（知識・技能）
衣生活に関心をもち，意欲的に取り組み，生活の中に取り込むことで自身の衣生活をよりよく発展させようとしている。	自身の衣生活の中から，課題を見つけ，解決するための手段について考え自分なりに工夫できる。	衣服の働き・目的に合わせた着用・選択と購入・手入れに関する基礎的な知識・技能を身に付けている。

3−2【重点目標】（「見方・考え方」）※観点・レベルの数については，変更可。

「本質的な問い」	【知識・技能】
持続可能な社会の構築を意識した衣生活・消費生活を送るために，どのようなことが必要なのだろうか。	・環境に配慮した商品の開発 ・衣類の生産に関わる工程や生産地の情報 ・衣類の正しい管理の仕方 ・消費と環境についての適切な行動

「永続的理解」	
環境に配慮した商品の開発，生産に関わる人々や生産の工程についての情報を知ることが，購入や管理をするためにも，持続可能な社会の構築につながる衣生活・消費生活を営む上でも重要である。	

4　評価方法	
【パフォーマンス課題】 あなたは以前に働いていた古着屋からの誘いでサスティナブル・ファッションを扱う店の店主をすることになりました。着なくなった衣服を買い取って販売します。売りに来た人にどんな質問やアドバイスをしますか？ その質問やアドバイスをのせた店の宣伝用のチラシを作ってください。	【その他の評価方法】 ・インタビュー用の Q&A シート ・衣服の正しい手入れや管理方法など品質表示の見方 （ペーパーテスト）

5　期待される生徒の姿（パフォーマンス課題についてのルーブリック）

レベル	観点A　持続可能な社会と衣生活のつながり	観点B　質問やアドバイスの工夫
3	レベル2の条件に加えて以下の点が加えられている。 ・衣生活と持続可能な社会のつながりを多面的に理解した上で，整理してどのように実践すればよいかが考えられている。	レベル2の条件に加えて以下の点が加えられている。 ・消費行動の変容を促すような持続可能な社会への意識を向けるような消費者への働きかけの工夫が見られる。
2	・衣生活と持続可能な社会のつながりを理解した上で，どのように実践すればよいかが一つでも考えられている。	・持続可能な社会への意識を向けるような消費者への働きかけの文言が見られる。
1	【支援】衣服の生産工程や品質表示から得られる情報に注目させ，購入時，購入後に自分が大切に長く着るための着方や手入れなどで，活かせそうなことを整理して助言する。	

6　学習のプロセス（題材計画）

事前アンケート
・洗濯等の衣服の手入れの経験や環境
・衣服の購入の経験　・不要な衣類の有無

Point！
衣生活を持続可能な社会と結びつけて工夫改善する姿を重視。

〜〜〜　第1次　〜〜〜
衣服の着方について考えよう
　①衣服の働き・役割・目的に応じた衣服の着方を自分の生活に関連付けて考える。【調べる】
　②日本や世界の衣生活のちがいや特徴について調べる。【調べる・話し合う】

〜〜〜　第2次　〜〜〜
自分のお気に入りの衣服を選ぼう
パフォーマンス課題の提示
　③既製服の目的に応じた選択と購入の仕方について知る。【調べる】
　④どのような視点で衣服を選ぶのがよいか話し合う。【話し合う】
　⑤サスティナブル・ファッション（持続可能な衣生活）の考え方について知る。【調べる】
パフォーマンス課題に取り組む
　⑥サスティナブル・ファッションの店でどのような質問や助言をするかを考える。
　　ロールプレイで話し合い，気付いたことを話し合う。【話し合う】
　⑦店の宣伝用のチラシを作成する。

〜〜〜　第3次　〜〜〜
自分の衣生活について考えよう
パフォーマンス課題の交流と振り返り
　⑧この学習で学んだことを自分の衣生活に
　　どのように活かせるかまとめる。【まとめる】

p.31 コラム③，p.76 コラム⑥を紹介する

世界を変えるあなたの消費行動～環境マークコンテスト 2021 ～

教科・科目名	家庭科	学校名	○○中学校
対象学年	第3学年	授業者名	環木　陽光
題材名	世界を変えるあなたの消費行動－環境マークコンテスト 2021 －		
実施時期	6月	時間	8時間

1　学習指導要領の関連内容

中学校　C（2）アイ（3）ア　（消費生活・環境を中心に）

2　この題材で重視したいこと（児童・生徒の実態，教科の本質，私たちの未来を作り上げていくために必要な力とは？）

消費者の権利と責任を自覚して行動できるよう消費生活の現状と課題や，消費行動における意思決定や契約の重要性についての知識を身に付けることは，これからの社会で生きる生活者として生徒たちにとっても重要なスキルであると言える。持続可能な社会の構築を目指して，どのような視点で消費行動するかを意識するために，習得した知識をもとに環境マークを通して社会に伝えたいことを考えてみる。環境に配慮した消費生活に関わる課題の解決に向けて主体的に取り組む態度を育成したい。

3－1　題材目標

消費者としての権利と責任について理解し，環境に配慮した消費生活の行動がとれるように意思決定するために課題を設定し，その解決をはかり，自分の生活を見直し評価・改善をはかることができるようにする。

観点別評価規準

（主体的に学習に取り組む態度）	（思考・判断・表現）	（知識・技能）
身近な消費生活と環境について工夫し創造しようとする実践的な態度を身に付けている。	生活の中の消費生活・環境について課題を見出し，課題をもって考え，解決することができる。	消費者の権利と責任について理解している。環境に配慮した消費生活について理解している。

3－2【重点目標】（「見方・考え方」）※観点・レベルの数については，変更可。

「本質的な問い」	【知識・技能】
環境に配慮した消費生活を送るために，どのようなことが必要なのだろうか。	・消費者の権利と責任についての理解 ・環境に配慮した消費生活についての理解 ・消費と環境についての適切な行動

「永続的理解」	
環境に配慮した消費生活を送るためには，消費者の権利と責任についての自覚を促し，正しい知識をもつとともに，持続可能な社会の構築を目指して環境に配慮した消費生活についての意識を高めることが重要である。	

4 評価方法	
【パフォーマンス課題】 「環境に配慮したもの」をコンセプトにする店を経営することになりました。商品に付ける，消費者に訴えたい環境マークのコンテストをします。消費者にわかりやすく，環境のことを考えて消費してもらえるマークを作ってください。自分が消費者ならどのようなマークを手がかりに商品を選ぶかを考えてマークの説明を加えてパンフレットを完成させましょう。	【その他の評価方法】 ・計画書 ・話し合いのワークシート

5 期待される生徒の姿（パフォーマンス課題についてのルーブリック）		
レベル	観点A 環境に配慮したマークの作成	観点B 環境に配慮した消費の工夫
3	レベル2の条件に加えて以下の点が加えられている。 ・商品を選ぶための環境マークについてその意味を消費者に伝え，どのように世界が変わるのかが説明できている。	レベル2の条件に加えて以下の点が加えられている。 ・環境マークの意味を調べたり，必要な情報を調べたりして環境に配慮した商品を選ぶことや意思決定することの重要性について自分の考えをもっている。
2	・いろいろなマークを参考に環境に配慮したマークが考えられている。 ・商品と環境とのつながりが考えられている。	・環境マークに着目して，環境に配慮した商品を選んだり，購入したりする意思決定をしている。
1	【支援】これまで学習してきたいろいろなマークの種類を一覧にし，どのような意味があるのかを調べたり，自分の消費行動と重ね合わせて必要な情報を整理できるように個別の助言を与える。	

6 学習のプロセス（題材計画）

〜〜〜〜 第1次 〜〜〜〜

自分たちの消費行動と身の回りの環境問題の関わりについて考えよう
　①日本のごみ問題の現状を知る。【調べる】
　②③リサイクルに対する取り組みを調べて話し合う。【調べる・話し合う】

〜〜〜〜 第2次 〜〜〜〜

自分たちの消費行動について考えよう
パフォーマンス課題の提示
　④身の回りにある環境に関するマークを集めてその意味を調べる。【調べる】
パフォーマンス課題に取り組む
　⑤環境に関するマークを今の環境問題などをふまえて考える。
　⑥自分が作ったマークの説明を加えてグループで話し合って作品をしぼる。【話し合い】
　⑦全体で環境マークコンテストを行いグランプリを決める。【話し合い】

〜〜〜〜 第3次 〜〜〜〜

自分の消費行動に生かそう
パフォーマンス課題の振り返りと交流
　⑧商品を選ぶときの情報の一つとして，環境マークがあることを伝えるためのパンフレットを作成する。

> p.48 コラム⑤を紹介する

Point !

多様なものの見方や考え方によって消費行動に葛藤が生じるが，大切な価値を見極めて協働的に社会に貢献するために自分の生活実践を工夫改善しようとする姿を目指すプロセスが大事。

人生の主人公として考える～人生ゲームで考える私の人生～

教科・科目名	家庭総合	学校名	○○高等学校
対象学年	第2学年	授業者名	利冨尾　夢
題材名	人生の主人公として考える～人生ゲームで考える私の人生～		
実施時期	1月	時間	7時間

1　学習指導要領の関連内容

高等学校A（1）ア（ア）（イ）イ（2）ア（ア）（イ）イ（3）ア（ア）（イ）イ（4）ア（ア）（イ）イ（5）ア（ア）（イ）イ　（家族・家庭生活が中心）

2　この題材で重視したいこと（児童・生徒の実態，教科の本質，私たちの未来を作り上げていくために必要な力とは？）

児童・生徒には先行き不透明な未来に対応できる資質・能力を身に付けることが重要である。そのためには，将来自分の人生において具体的にどのようなライフイベントが起こる可能性があるのか，自分が出会うであろう生活課題を解決するための金銭や生活時間などの生活資源をどのように管理し，どのようなリスク回避をすることができるのか，自分がよりよく生きるために個人が準備できることや社会が支援すべきことを考え，生活設計したり行動できる力を身に付けることが重要である。

3－1　題材目標

生涯を見通して家庭生活や職業生活を含めて生活設計を立て，生活資源の活用について考えることができる。生活の質の向上をはかれるよう自分で生活課題を見出し，よりよい生活設計に向けて課題解決しようとする。

観点別評価規準

（主体的に学習に取り組む態度）	（思考・判断・表現）	（知識・技能）
自己の生活のみならず地域社会にも目を向けて見通しのある生涯設計を主体的に考え，これからの人生をよりよくできるよう工夫，創造している。	生涯を見通し生活課題と結びつけて意思決定したり計画を立てることができている。具体的に将来の家庭生活や職業生活について考え生活資源を活用し生活の質が上がる工夫について考えている。	生涯で起こるライフイベントについて理解しているとともに，金銭や生活時間などの生活資源について正しく情報整理し，リスク回避を適切に考えて説明できる。

3－2【重点目標】（「見方・考え方」）※観点・レベルの数については，変更可。

「本質的な問い」	【知識・技能】
私たちが生涯をよりよく生きるためには，どのようなことが必要なのだろうか。	・生涯のライフイベントについての知識 ・金銭や生活時間等の生活資源にかかる情報 ・計画的な生活設計の仕方 ・家庭や社会の一員としての適切な行動
「永続的理解」	
私たちが生涯をよりよく生きるためには，生涯に起こりうるライフイベントや必要な金銭，生活時間などの生活資源についての知識を身に付けることや，リスク回避のために必要な知識や情報を身に付けて，計画的に生活設計したり，家庭や社会の一員として行動したりすることが重要である。	

4 評価方法	
【パフォーマンス課題】 あなたはボードゲーム開発の担当者です。人生ゲームの開発を担当することになりました。あなたのこれからの人生をイメージして起こりそうなイベントをマスにしてください。たとえばよいこと（収入，昇進，結婚，出産等），リスクとなること（損失，失職，事故，病気等）をマスにしてルールを決めて，QOLポイントの点数で競い合います。ルールやこのゲームのおもしろさを紹介してください。	【その他の評価方法】 ・生活設計のライフイメージマップ（ワークシート）

5 期待される生徒の姿（パフォーマンス課題についてのルーブリック）

レベル	観点A 生涯のライフイベントへの理解	観点B リスク回避の創意工夫
3	レベル2の条件に加えて以下の点が加えられている。 ・ライフイベントの可能性を考えた上で分析し，加えてリスクについても考えられている。	レベル2の条件に加えて以下の点が加えられている。 ・リスク回避のために，具体的に生活資源をどのように扱うかについて提案できている。 ・ゲームのルールとともに生活の質の向上について考えられている。
2	・様々なライフイベントの可能性を考えて人生ゲームのマスが作られている。 ・自己のみでなく家族や地域社会のことについても考えられている。	・ライフイベントとともにリスク回避についても考えられている。
1	【支援】学習のプロセスにそって，ライフステージごとの特徴的なことをワークシートをもとに振り返ることで，ゲームのマスを考えられるように助言する。	

6 学習のプロセス（題材計画）

（既習内容）

子どもとともに育つ ・命を育む・子どもの育つ力 ・親としてともに育つ ・これからの保育環境	高齢社会を生きる ・高齢期を理解する ・高齢者の心身の特徴と自立 ・これからの高齢社会	共に生き，共に支える ・職業生活の設計 ・家庭の経済生活 ・福祉と社会保障 ・共生社会を目指して

～～～ 第1次 ～～～

パフォーマンス課題の提示

生活資源って何だろう

①生活資源について知り，自分の生活の中でどのようにすれば有効に生活資源を活用できるか考える。【話し合う】

②自分の1日を振り返ってみて改善点を考える。【調べる・話し合う】

～～～ 第2次 ～～～

生涯の生活設計について考えよう

③生涯のライフイベントについて考える。【調べる・話し合う】

④リスクマネジメントと保険について考える。【調べる】

～～～ 第3次 ～～～

人生ゲームを作ってみよう

パフォーマンス課題に取り組む

⑤自分のライフイベントを考えて人生ゲームを作成する。

⑥リスク回避の方法を考える。

パフォーマンス課題を交流し，振り返る。

⑦実際に作った人生ゲームをして感想を交流する。

> **Point !**
> 具体のライフイベントについて，どのようなリスク対応ができるか既習の知識を活用し課題解決することが大事。

パフォーマンス課題を活かした事例7　題材計画書

ライフステージに合ったリフォームプランを提案しよう

教科・科目名	家庭総合	学校名	○○高等学校
対象学年	第2学年	授業者名	利冨尾　夢
題材名	ライフステージに合ったリフォームプランを提案しよう		
実施時期	10月	時間	11時間

1　学習指導要領の関連内容

高等学校　A（1）ア（ア）（イ）イ　（5）ア（ア）（イ）イ　B（3）ア（ア）（イ）イ　C（3）アイ　　（総合的な内容の関連）

2　この題材で重視したいこと（児童・生徒の実態，教科の本質，私たちの未来を作り上げていくために必要な力とは？）

住まいの問題は人生設計においても重要な問題である。生涯を誰とどのように過ごすか，家族や地域社会の一員として健康や安全に住まうことはもとより，共に支え合いながらどのように住まうか，ライフステージに合った住居の設計（リフォーム）プランという形で持続可能なライフスタイルを具体的に考える課題を設定する。

3−1　題材目標

ライフステージに応じた住生活の特徴，防災などの安全や環境に配慮した住居の機能について理解し，適切な住居の計画や管理に必要な技能を身に付け，生涯の生活設計とともに住居のリフォームプランについて考えることにより，持続可能なライフスタイルについて主体的に関わろうとする。

観点別評価規準

（主体的に学習に取り組む態度）	（思考・判断・表現）	（知識・技能）
生涯を通して住生活を取り巻く課題の解決に向けて主体的に取り組み，持続可能な暮らし方を工夫し，改善しようとしている。	ライフステージと住環境に応じた住居の計画やすべての人が快適に暮らすことができる生涯を見通した住空間について考え，創意工夫している。	ライフステージに合った住生活の特徴，住居の機能について理解し，適切な住生活の計画や管理をすることができる。住居の間取り図を理解し，図面を作成することができる。

3−2【重点目標】（「見方・考え方」）※観点・レベルの数については，変更可。

「本質的な問い」	【知識・技能】
どのようにすれば，生涯を通して，自分や周りの人が共に快適に過ごせる住空間にすることができるのだろうか。	・住居の機能と基本的な住まい ・ライフステージにおける身体の特徴や家族が安全で快適な住空間を作るための条件について ・防犯や防災の視点での住空間 ・間取り図の製図やインテリアの基本的な知識
「永続的理解」	
生涯を通して，自分や周囲の人が共に快適に過ごす住空間にするためには，ライフステージに合った住生活の特徴や機能について理解することや，安全や環境に配慮し，人と人とが支え合う社会の一員として住空間を考えることが重要である。	

4 評価方法

【パフォーマンス課題】	【その他の評価方法】
あなたは，住宅建築の設計士です。友人宅を 20 年～30 年後も住み続けられる住まいのリフォームプランを提案してください。工夫したポイントについてプレゼンテーションして説明してください。	・ライフステージの特徴や安全で快適な住空間を作る条件（ペーパーテスト） ・リフォームプラン提案書 ・提案プレゼンテーション

5 期待される生徒の姿（パフォーマンス課題についてのルーブリック）

レベル	観点 A ライフステージに合ったリフォームプラン	観点 B 持続可能な住空間について
3	レベル 2 の条件に加えて以下の点が加えられている。 ・長期的にライフステージの特徴をとらえて，リフォームプランが考えられている。	レベル 2 の条件に加えて以下の点が加えられている。 ・自然環境や防災などの面からも考えた持続可能なプランが提案できている。
2	・ライフステージの特徴を考えたプランが提案できている。 ・間取り図の書き方を理解して製図できている。	・自分だけでなく近隣の人々との関わりを考えたプランが提案されている。
1	【支援】ライフステージの特徴と住空間の作り方について安全面や健康面での快適性から考えるように助言する。さらに個人の問題だけでなく，周囲の近隣の人々や地域社会の問題として住空間の作り方を考えるように促す。	

6 学習のプロセス（題材計画）

～～～ 第1次 ～～～
住まいの役割と機能
パフォーマンス課題の提示
　①住まいの役割や機能について知り，安全で快適な住まい方について話し合う。【話し合い】
　②ライフステージに合ったリフォームプランを立てるための学習計画を立てる。

～～～ 第2次 ～～～
ライフステージと住空間の作り方について考えよう
　③幼児のいる家庭や高齢者のいる家族の住居の安全性について考えよう。【調べる】
　④幼児や高齢者の特徴をふまえて，住居の設計を考える。【話し合う】

～～～ 第3次 ～～～
防犯や防災と住空間の作り方について考えよう
　⑤犯罪や災害から守るための住まいの条件について事例をもとに
　　考える。【調べる】
　⑥犯罪や災害への備えを考えた，住居の設計を考える。【話し合う】

> **Point !**
> 既習内容を総合的に活用して，より豊かな生活を求めて具体的なプランを立てて交流することで多様な生き方について考えることが重要。

～～～ 第4次 ～～～
持続可能な住空間の作り方について考えよう
　⑦実際に起こっている住環境の問題について調べよう。【調べる】
　⑧持続可能な住空間とはどのようなものか話し合う。【話し合う】

～～～ 第5次 ～～～
ライフステージに合ったリフォームプランを提案しよう
パフォーマンス課題に取り組む
　⑨ライフステージに合ったリフォーム　　　p.32 コラム④を紹介する
　　プランの設計図を作る。【調べる】
　⑩リフォームプランの提案のプレゼンテーションを行う。【話し合う】
　　パフォーマンス課題を交流し，振り返る。
　⑪リフォームプランの交流から，自分の生涯の住まい方について考える。

題材計画書テンプレート

（題材タイトル）

教科・科目名		学校名	
対象学年		授業者名	
題材名			
実施時期		時間	

1　学習指導要領の関連内容

2　この題材で重視したいこと （児童・生徒の実態，教科の本質，私たちの未来を作り上げていくために必要な力とは？）

3－1　題材目標

観点別評価規準

（主体的に学習に取り組む態度）	（思考・判断・表現）	（知識・技能）

3－2【重点目標】（「見方・考え方」）※観点・レベルの数については，変更可。

「本質的な問い」	【知識・技能】
「永続的理解」	

4　評価方法	
【パフォーマンス課題】	【その他の評価方法】

5　期待される生徒の姿（パフォーマンス課題についてのルーブリック）

レベル	観点 A	観点 B
3		
2		
1		

6　学習のプロセス（題材計画）

＊このテンプレートは，京都大学大学院教育学研究科 E.FORUM にて開発されたものを元にしています。奥村好美・西岡加名恵編著『「逆向き設計」実践ガイドブック』日本標準，2020 年　巻末資料①

おわりに

みんなで創ろう　社会のウェルビーイング

　本書を読み終えたあなたが,「こんな授業で子どもたちを本気にさせてみたい」と思い,「こんな授業なら子どもたちは目を輝かせてくれるにちがいない」と確信できたなら,きっと指導者も学習者もウェルビーイングを目指すことの意味を共有できるにちがいありません。

　OECD「Education 2030」では,学習時間の「長さ」から「質」を重視することや子どもたちが学習に没頭できる授業へ移行すること,よく練られた計画と各実施段階間の整合性の確保などが指摘されています。本書はこれらの課題を乗り越えるためのひとつの手がかりとなるはずです。

　先行き不透明な時代に対応するだけでなく,学習者自らが未来の生活を創造する主体者であることを自覚できる授業を積み上げる日々の営みが,持続可能な社会の創り手を育てることにつながるのです。本書では家庭科を中心にパフォーマンス課題を活かした授業デザインができるように展開していますが,他教科との関連や,学校全体のカリキュラムデザインに汎用性をもたせることもできるはずです。ここを出発点として,学校組織で目指す子ども像や授業像を共有することも重要です。そして,子どもの学びは学校内にとどまりません。社会とのつながりを意識して,自分が家庭や地域社会の一員であることの自覚を促すとともに,社会に向けての発信もまた学習の成果としてあらわれていくことでしょう。一人ひとりの学習の達成感は,よりよい家庭や社会を創造する原動力となっていくはずです。

　学習者がよりよく生きていくための力を身に付けるための授業づくりの理論を教師が学ぶことはもちろん必要なことです。さらに本書を通して気付かれたと思いますが,教師自身が自分の視野を広げてみることやさまざまな分野の人とつながる力を蓄えていくこともまた重要なことにほかなりません。すなわち教師自身が自らエージェンシーを発揮して学習者と共に歩んでいくというスタンスがとれるかどうかにかかっているのです。

　ぜひあなたの実践で,未来への扉をひらいてみてください。

　最後になりましたが,本書の執筆にあたり,ご助言賜りました京都大学大学院教育学研究科教授　西岡加名恵先生に心より感謝を申し上げます。また編集の際にお世話になった大塚寛子さんをはじめ,大修館書店のみなさまに厚くお礼申し上げます。

引用・参考文献

第1章

OECD, The OECD Learning Compass 2030
　https://www.oecd.org/education/2030-project/teaching-and-learning/learning/ （2022.6.5.閲覧）
OECD ラーニング・コンパス（学びの羅針盤）2030（仮訳），2018年
正保正恵「2008年 IFHE Position Statement：Home Economics in the 21st Century の抜粋要約」『家政学原論研究』43巻，日本家政学会家政学原論部会，2009年
E.J. ヒッチ, J.P. ユアット著，中間美砂子監訳『現代家庭科教育法－個人・家族・地域社会のウェルビーイング向上をめざして』大修館書店，2005年
文部科学省「小学校学習指導要領（平成29年告示）解説　家庭編」東洋館出版，2018年
文部科学省「中学校学習指導要領（平成29年告示）解説　技術・家庭編」開隆堂，2018年
文部科学省「高等学校学習指導要領（平成30年告示）解説　家庭編」教育図書，2019年
蟹江憲史『SDGs（持続可能な開発目標）』中央公論新社，2020年
慶應義塾大学SFC研究所 xSDGs・ラボ「SDGsとターゲット新訳」制作委員会　https://xsdg.jp/pdf/SDGs169TARGETS_ver1.2.pdf
多田孝志「共創型対話における浮遊型思索と響感・推察力の意義－21世紀の人間形成と対話－」『目白大学人文学研究』第7号，目白大学，2011年
大本久美子「消費生活領域の学習とSDGs」『日本家庭科教育学会誌』第64巻第3号，日本家庭科教育学会，2021年
大本久美子『生活を愉しみ 豊かに生きる－家政学者の生活実践－』烽火書房，2021年

第2章

石井英真『今求められる学びとは　日本標準ブックレットNo.14』日本標準，2005年
西岡加名恵『教科と総合学習のカリキュラム設計』図書文化社，2016年
中央教育審議会「幼稚園, 小学校, 中学校, 高等学校及び特別支援学校の学習指導要領等の改善及び必要な方策等について（答申）」（中教審第197号），2016年
G.ウィギンズ／J.マクタイ著，西岡加名恵訳『理解をもたらすカリキュラム設計－「逆向き設計」の理論と方法』日本標準，2012年
西岡加名恵・石井英真編著『Q＆Aでよくわかる！ 見方・考え方を育てるパフォーマンス評価』明治図書，2018年
OECD ラーニング・コンパス（学びの羅針盤）2030（仮訳），2018年
白井俊『OECD Education2030プロジェクトが描く教育の未来－エージェンシー, 資質・能力とカリキュラム』ミネルヴァ書房，2020年
荒井紀子他編著『SDGsと家庭科カリキュラム・デザイン－探究的で深い学びを暮らしの場からつくる』教育図書，2020年
蟹江憲史『SDGs（持続可能な開発目標）』中央公論新社，2020年
西岡加名恵編著『高等学校 教科と探究の新しい学習評価』学事出版，2020年
奥村好美・西岡加名恵編著『「逆向き設計」実践ガイドブック－『理解をもたらすカリキュラム設計』を読む・活かす・共有する』日本標準，2020年

第3章

文部科学省「小学校学習指導要領（平成29年告示）解説　家庭編」東洋館出版，2018年
文部科学省「中学校学習指導要領（平成29年告示）解説　技術・家庭編」開隆堂，2018年
文部科学省「高等学校学習指導要領（平成30年告示）解説　家庭編」教育図書，2019年
奥村好美・西岡加名恵編著『「逆向き設計」実践ガイドブック－『理解をもたらすカリキュラム設計』を読む・活かす・共有する』日本標準，2020年

第4章

京都大学大学院教育学研究科E.FORUM資料，2015年版
奥村好美・西岡加名恵編著『「逆向き設計」実践ガイドブック－『理解をもたらすカリキュラム設計』を読む・活かす・共有する』日本標準，2020年
実践事例については大阪教育大学教育学部中等家庭科教育法Ⅲ・Ⅳ（2020年度）受講生の成果物も一部参照した。

[著者紹介]

大本久美子（おおもと・くみこ）
大阪教育大学教育学部教授
日本消費者教育学会関西支部支部長
消費生活審議会委員（京都府, 京都市, 奈良県, 西宮市）
兵庫県民生活審議会委員
城陽市都市計画審議会委員

主著
『楽しもう家政学　あなたの生活に寄り添う身近な学問』
開隆堂出版　2017年　共著
『やさしい家政学原論』建帛社　2018年　共著
『持続可能な社会をつくる生活経営学』朝倉書店　2020年
共著
『あなたの今が未来を創る－暮らしのマネジメント－』日本
家政学会生活経営学部会　2020年　編著
『家庭科　授業の理論と実践　持続可能な生活をつくる』
あいり出版　2020年　編著
『生活を愉しみ　豊かに生きる－家政学者の生活実践－』
烽火書房　2021年　編著
など。

執筆担当　第1章

岸田蘭子（きしだ・らんこ）
滋賀大学教職大学院特任教授
京都市教育委員会指導部参与
元京都市立高倉小学校校長
元全国小学校家庭科教育研究会副会長

主著
『資質・能力を育てるカリキュラム・マネジメント』日本標
準　2017年　共同監修
『小学校ではもう遅い－親子でいられる時間はそう長くな
い』PHP研究所　2017年　単著
『平成29年改訂小学校教育課程実践講座　家庭』ぎょうせい
2017年　共著
『先生も子どもも楽しくなる小学校家庭科』ミネルヴァ書房
2020年　単著
など。

執筆担当　第2章・第3章・第4章, コラム①～⑥

ウェルビーイングの向上を目指す家庭科教育　パフォーマンス課題によるアプローチ
© Ohmoto Kumiko, Kishida Ranko, 2022　　NDC375／95p／26cm

初版第1刷	2022年10月10日

編著者	大本久美子・岸田蘭子
発行者	鈴木一行
発行所	株式会社 大修館書店
	〒113-8541 東京都文京区湯島2-1-1
	電話03-3868-2651（販売部）　03-3868-2266（編集部）
	振替00190-7-40504
	[出版情報] https://www.taishukan.co.jp

装丁者	早川郁夫 (Isshiki)
本文デザイン・DTP	金子中 (Isshiki)
図版製作	金子中 (Isshiki)
印刷所	広研印刷
製本所	牧製本

ISBN978-4-469-27013-6　　Printed in Japan